Daniel Kohlhaas

DEUTSCH-KRIMI

Spannende Fälle lösen und Deutsch lernen

Klasse 5/6

Cornelsen

Der Autor:

Daniel Kohlhaas arbeitet als Oberstudienrat am Engelbert-von-Berg-Gymnasium in Wipperfürth in Nordrhein-Westfalen. Darüber hinaus schreibt er seit Jahren Thriller und spannende Kurzgeschichten.

Daniel Kohlhaas ist auch im Internet mit einer eigenen Homepage zu finden.

Projektleitung: Franziska Wittwer, Berlin
Redaktion: Louisa Pabst-Orzechowski, Berlin
Umschlaggestaltung: Corinna Babylon, Berlin
Umschlagillustrationen: shutterstock/Sonya illustration (Fingerabdruck); shutterstock/Tobias Steinert (Hintergrund)
Innenteil: shutterstock/Sonya illustration (Fingerabdruck und Lupe); shutterstock/Tobias Steinert (Hintergrund)
Illustrationen: Dorina Tessmann
Layout/technische Umsetzung: krauß-verlagsservice, Ederheim/Hürnheim

www.cornelsen.de

2. Auflage, 3. Druck 2023

© 2019 Cornelsen Verlag GmbH, Berlin

Druck: H. Heenemann, Berlin

ISBN 978-3-589-16518-6 (Print-Ausgabe)
ISBN 978-3-589-16562-9 (PDF)

PEFC zertifiziert
Dieses Produkt stammt aus nachhaltig bewirtschafteten Wäldern und kontrollierten Quellen.
www.pefc.de

PEFC
PEFC/04-31-1156

Hinweise zur Nutzung des Buches 4

KLASSE 5

Lernkrimi (1):

URLAUBSÜBERRASCHUNG

(Thema: s, ss, oder ß?)

KV 1: Text 5
KV 2: Aufgaben 6

Lernkrimi (2):

DER EINBRUCH

(Thema: Groß- und Kleinschreibung)

KV 1: Text 7
KV 2: Aufgaben 8

Lernkrimi (3):

EINZIGER ZEUGE

(Thema: Wortarten bestimmen)

KV 1: Text 11
KV 2: Aufgaben 13

Lernkrimi (4):

ABERGLAUBE

(Thema: Wortarten bestimmen 2)

KV 1: Text 14
KV 2: Aufgaben 16

Lernkrimi (5):

KÖNIG DER DIEBE

(Thema: Satzglieder erkennen)

KV 1: Text 18
KV 2: Aufgaben 19

KLASSE 6

Lernkrimi (1):

IN VÖLLIGER DUNKELHEIT

(Thema: Wortfelder)

KV 1: Text 22
KV 2: Aufgaben 23

Lernkrimi (2):

DER FEHLENDE SCHLÜSSEL

(Thema: Attribute)

KV 1: Text 26
KV 2: Aufgaben 28

Lernkrimi (3):

GIFT

(Thema: Satzzeichen)

KV 1: Text 30
KV 2: Aufgaben 31

Lernkrimi (4):

ILSEBILL

(Thema: Rechtschreibung)

KV 1: Text 34
KV 2: Aufgaben 36

Lernkrimi (5):

DREIßIG SEKUNDEN

(Thema: Rechtschreibung 2)

KV 1: Text 38
KV 2: Aufgaben 39

Lösungen 43

Für die Nutzer

Ein Mann wacht alleine in einem rätselhaften Raum auf. Orientierungslos. Verwundet.

Sein einziges Ziel: Wie komme ich hier heraus?

Jetzt kommst du ins Spiel: Hilf ihm, löse die Rätsel und finde den verschwundenen Schlüssel.

Das hat nichts mit Grammatik zu tun? Denkst du! Dieses Arbeitsheft kann mehr: Es erzählt spannende Kurzgeschichten und fordert dich auf unterschiedliche Weise heraus, den Täter zu überführen, der entscheidende Zeuge zu sein oder ein kniffliges Rätsel zu lösen.

Das Gute daran: Neben den Geschichten findest du Aufgaben zu wichtigen Grammatikthemen der Klassenstufen 5 und 6. Ob innerhalb der Klasse, bei der Nachhilfe oder ganz allein zu Hause. Es ist überall einsetzbar, macht Spaß und ist lehrreich.

Kannst du eine Aufgabe oder ein Rätsel nicht lösen, findest du am Ende des Arbeitsheftes Tipps von Informanten, die dich schrittweise der Lösung näherbringen. Selbst wenn das eigentliche Thema noch nicht im Unterricht behandelt wurde.

Und jetzt verschwende keine Zeit, mach dich an die Arbeit und löse die folgenden Rätsel.

Für Lehrkräfte

Falls Schülerinnen und Schüler bei der Bearbeitung der Aufgaben Hilfestellungen benötigen, können sie in drei Schritten („Informantenrunden") vorgegeben werden:

1. Tipps und Hinweise,
2. Erläuterung von Regeln,
3. Lösung der Aufgaben.

Auf diese Weise können sie individuell und differenziert angeleitet und auf ihren jeweiligen Wissensstand geprüft werden, zugleich jedoch ein hohes Maß an Eigenverantwortlichkeit entwickeln. Noch nicht eingeführte Grammatik kann anhand der Aufgaben beispielhaft erläutert werden. Die zweite „Informantenrunde" bietet den Schülerinnen und Schülern zusätzlich die Möglichkeit, das neue Phänomen selbstständig kennenzulernen und zu erarbeiten. Das Material erhebt jedoch nicht den Anspruch, den Unterricht ersetzen zu können.

KLASSE 5 – LERNKRIMI 1 – TEXT – KLASSE 5 – LERNKRIMI 1 – TEXT
TEXT – KLASSE 5 – LERNKRIMI 1 – TEXT
KLASSE 5 – LERN... KLASSE 5 – LERNKRIMI 1 – TEXT

KV
1

URLAUBSÜBERRASCHUNG

Kenan hält den Türknopf in der Hand, sein gesamter Körper zittert. Langsam dreht er seinen Kopf und schaut seine Frau an. Hinter ihr laden Luca und Lina ihre Taschen aus dem Kofferraum des Autos. „Kenan, was ist los?", fragt sie.

Kenan legt den Zeigefinger auf seine Lippen, zieht die Tür leicht ran und flüstert seiner Frau zu:

5 „Geh zurück zu den Kindern, steig mit ihnen wieder in das Auto und verschließ die Türen." Danach verschwindet er in dem dunklen Hauseingang.

In der Schwärze des Flures lehnt er mit dem Rücken an der verschlossenen Eingangstür und hält die Luft an. Wie schön der Urlaub doch gerade noch war … Den letzten Tag verbrachte Kenan mit seiner Familie noch an der See, bevor sie am Abend die Rückreise antraten. Nun ist es ist fast neun Uhr am Abend, der Mond

10 spendet nur wenig Licht und eigentlich sollten sie glücklich und müde ins Bett fallen; doch daran ist nicht zu denken. Kenan ist sich sicher, dass sie die Haustür verschlossen hatten, bevor sie vor einer Woche in die Ferien gestartet sind. Doch als er eben die drei Stufen hinaufgegangen war, stand sie einen Spalt offen. Möglichst leise atmet er ein, setzt bedächtig einen Schritt nach vorn. Es ist sein Haus und trotzdem sitzt ihm die Angst im Nacken. Was ist, wenn er einen Einbrecher entdeckt? Wäre es nicht besser,

15 die Polizei zu rufen und draußen bei Dea und den Kindern zu warten? Dass er sich entschieden hat, das Haus zu betreten, erschien ihm plötzlich äußerst unklug.

Mit dem Rücken zur Wand schlüpft er in die angrenzende Küche, geht zum Messerblock und zieht die größte Klinge daraus hervor. Sollte tatsächlich jemand im Haus sein und ihn angreifen, will er sich verteidigen können. Kenan hat noch nie einen anderen Menschen ernsthaft verletzt. Was er tatsächlich mit der Klinge

20 noch tun würde, ahnt er zu diesem Zeitpunkt nicht.

Hat er da nicht ein Geräusch gehört? Es glich einem Kichern. Sind etwa Kinder in sein Haus eingedrungen? Haben sich diese vielleicht einen schlechten Scherz erlaubt und ahnen nicht, dass die Besitzer heute wieder zurückkommen?

Kenan schiebt alle Zweifel, alle Ängste beiseite und betritt das Wohnzimmer. Bodentiefe Fenster

25 und eine Terrassentür führen von hier in den großen Garten. Die Tür steht sperrangelweit offen. Kenan atmet durch. Sein Blick fällt auf das Messer in seiner Hand.

„Wie gut, dass du schon ein Messer dabei hast!", tönt es ihm plötzlich entgegen. Scheinwerfer im Garten flammen auf, Wunderkerzen entzünden sich und die Nachbarn und Freunde im Garten stimmen das Lied *Happy Birthday* an.

30 Auf einer großen Torte, die sein Bruder Ilay in das Wohnzimmer trägt, thronen brennende Kerzen. „Ihr habt mich zu Tode erschreckt!", ruft Kenan, kann sich aber schließlich zu einem Lachen hinreißen lassen. „War doch nur Spaß! Du hast immer gesagt, dass du dir zuerst ein Messer aus der Küche holen würdest, wenn jemand ins Haus einbricht", lacht seine Frau. „Jetzt schneid schon die Torte an! Nach der langen Fahrt haben wir echt ganz schön großen Hunger!", schreien die Kinder.

35 „Willkommen zurück, du alter Sack!", scherzt Kenans Bruder und klopft ihm auf die Schulter. Dann zückt Kenan die scharfe Klinge und trennt unter dem Jubel der Gratulanten ein erstes Stück aus der Torte.

KV 2

KLASSE 5 – LERNKRIMI 1 – AUFGABEN – KLASSE 5 – LERNKRIMI 1 – AUFGABEN – KLASSE 5 – LERNKRIMI 1 – AUFGABEN – KLASSE 5 – LERNKRIMI 1 – AUFGABEN

1) Kenan prüft, ob im Haus etwas fehlt

Zum Glück war es nur eine Überraschung und doch fehlt etwas. Ergänze die Buchstaben s, ss oder ß.

2) Kenan untersucht das Haus

Dabei hört er ein Kichern. Untersuche auch du, wann man s, ss oder ß einsetzt. Sieh dir dafür die ergänzten Wörter aus dem Text an, sprich sie laut aus und achte auf ihren Klang. Formuliere nun Regeln:

a. Ein s steht immer, wenn _____

_____

b. Die Kombination ss steht immer, wenn _____

_____

c. Ein ß steht immer, wenn _____

_____

3) Kenan nimmt das Messer

Kenan hat seiner Frau gesagt, dass er das größte Messer nehmen werde, wenn er Einbrecher im Haus vermutet.

Sieh dir den vorherigen Satz noch einmal genau an. Ein Wort stellt eine Besonderheit dar. Es scheint gleich zu sein und doch gibt es zwei verschiedene Schreibweisen. Ergänze s oder ss.

a. Kenan denkt, da____ in sein Haus eingebrochen worden ist.

b. Er hört ein Kichern und meint, da____ Kinder im Haus seien.

c. Niemand ist in da____ Haus eingebrochen.

d. Da____ Messer braucht Kenan, um die Torte anzuschneiden.

e. Da____ Messer, da____ Kenan in der Hand hält, ist sehr groß und scharf.

Kohlhaas · Deutsch-Krimi 5/6 | 978-3-589-16518-6 | Illustration Fingerabdruck und Lupe: shutterstock/Sonya illustration; Hintergrund: shutterstock/Tobias Steinert

DER EINBRUCH

In Tränen aufgelöst stand Frau Lohmann da und schluchzte: „Alles, einfach alles haben sie mitgenommen!"
Beruhigend legte Kommissar Hütter eine Hand auf ihre Schulter und betrat ihre Wohnung. Völliges Chaos
offenbarte sich ihm, nachdem er der älteren Dame ins Wohnzimmer gefolgt war. Der Tisch lag umgestoßen auf
dem Boden mit den Beinen nach oben. Die Polster der Couch waren zerschnitten, alle Schranktüren geöffnet,

5 die Schubladen herausgerissen und deren Inhalte auf dem Boden verstreut. Die Bilderrahmen waren von den
Wänden gerissen und stapelten sich auf dem Haufen von Büchern, Fotoalben und Kissen.
Schließlich fiel sein Blick auf die offene Tür eines kleinen Tresors, der in die Wand eingelassen war. Danach hatten
die Einbrecher also gesucht. Kommissar Hütter ging darauf zu. Die Diebe hatten nur gähnende Leere hinterlassen.
„Was hat sich darin befunden, Frau Lohmann?"

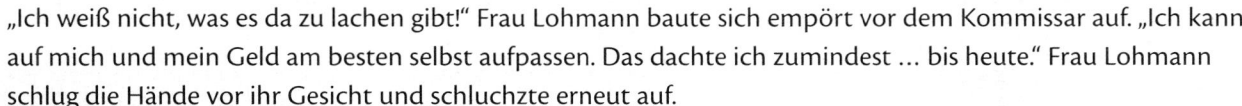

10 „Mein Erspartes. Alles was ich besitze."
„Haben Sie kein Bankkonto?", fragte er verblüfft.
„Wissen Sie, ich vertraue mein Geld nicht gerne fremden
Menschen an und schon gar nicht irgendeiner Bank.
Die machen damit doch, was sie wollen."

15 Hütter schmunzelte.
„Ich weiß nicht, was es da zu lachen gibt!" Frau Lohmann baute sich empört vor dem Kommissar auf. „Ich kann
auf mich und mein Geld am besten selbst aufpassen. Das dachte ich zumindest … bis heute." Frau Lohmann
schlug die Hände vor ihr Gesicht und schluchzte erneut auf.
„Beruhigen Sie sich, Frau Lohmann. Ich wollte Ihnen nicht zu nahe treten." Der Kommissar schaute sich weiter

20 im Wohnzimmer um und versuchte sich alle Details einzuprägen. „Sagen Sie, wer wusste davon, dass Sie Ihr
gesamtes Geld zuhause aufbewahrten?"
„Niemand. Ich lebe allein."
Langsam tat Kommissar Hütter die ältere Dame leid. Er galt bisweilen als schroff, was vor allem daran lag,
dass er von Natur aus den Menschen eher misstraute.

25 „Gibt es jemanden, der in letzter Zeit in Ihrer Wohnung war? Vielleicht ein Klempner oder Maler?"
„Nein, nur der Schornsteinfeger", antwortete sie leise.
„Hmm, haben Sie ihn vielleicht allein gelassen?"
„Ja schon, aber nicht im Wohnzimmer. Er war im Keller und auf dem Dachboden."
Kommissar Hütter kratzte sich am Kopf. Wenn Frau Lohmann die Wahrheit sagte, musste irgendein Fremder

30 sie beobachtet haben - vielleicht durch das Fenster? Oder jemand hatte sich ihre Wohnung zufällig ausgesucht
und sich gewaltsam Zugang verschafft, um nach etwas Wertvollem zu suchen.
„Sie sagten, sie waren einkaufen, als es passierte?"
„Das ist richtig. Ich gehe gern früh morgens los, gerade im Sommer."
„Und Sie haben niemanden gesehen?"

35 „Nein, leider nicht."
„Sie sagten, durch das Fenster wären die Täter eingestiegen?", fragte der Kommissar.
„Ja, sehen Sie nur die kaputte Scheibe!"
„Haben Sie etwas angefasst?", fragte er scharf.
„Nein, ich habe alles so gelassen, um keine Spuren zu verwischen. Ich gucke jeden Sonntag einen Krimi im

40 Fernsehen, daher wusste ich, dass ich sofort die Polizei rufen muss. Ein Skandal ist das, am helllichten Tage!
Vor einem Scherbenhaufen stehe ich!", schluchzte Frau Lohmann laut.
„Tja, leider sehe ich keinen! Daher muss ich Sie sofort wegen des Verdachts auf Betrug festnehmen."
Noch ehe Frau Lohmann protestieren konnte, hatte Kommissar Hütter ihr schon Handschellen angelegt.
„Sie hätten nicht nur wissen müssen, was die Opfer tun sollen, sondern auch welche Spuren die Täter

45 hinterlassen!" Dann führte er Frau Lohmann zu seinem Dienstwagen vor der Tür.

Kohlhaas · Deutsch-Krimi 5/6 | 978-3-589-16518-6 | Illustration: Dorina Tessmann; Lupe: shutterstock/Sonya illustration; Hintergrund: shutterstock/Tobias Steinert

KV
2

KLASSE 5 – LERNKRIMI 2 – AUFGABEN – KLASSE 5 – LERNKRIMI 2 – AUFGABEN
KLASSE 5 – LERNKRIMI 2 – AUFGABEN – KLASSE 5 – LERNKRIMI 2 – AUFGABE
LERNKRIMI 2 – AUFGABE

DER EINBRUCH – DEM RÄTSEL AUF DER SPUR

1 Ein entscheidender Hinweis

Kommissar Hütter ist sich plötzlich sicher, dass Frau Lohmann sich die Geschichte mit dem Einbruch ausgedacht hat. Welcher Hinweis im Raum könnte ihn dazu bewogen haben? Trage deine Erklärung hier ein.

_____

_____

_____

2 Kommissar Hütter sieht das Chaos im Wohnzimmer

Folgende Wörter sind völlig durcheinandergeraten. Untersuche sie und gib die richtige Schreibweise an.

a. fEnSTeR _____

b. SCHluchZT _____

c. treSOr _____

d. schERBenHauFEn _____

e. fesTNehMEn _____

f. HaNDScheLLen _____

g. dieNSTwaGeN _____

3 Kommissar Hütter untersucht den Tatort

Auf der Suche nach Hinweisen prägt sich der Kommissar alles ein, was er im Wohnzimmer sieht. Gehe auch du auf die Suche und trage in die unten abgebildeten Kästchen fünf Wörter aus dem Text ein, die großgeschrieben sind.

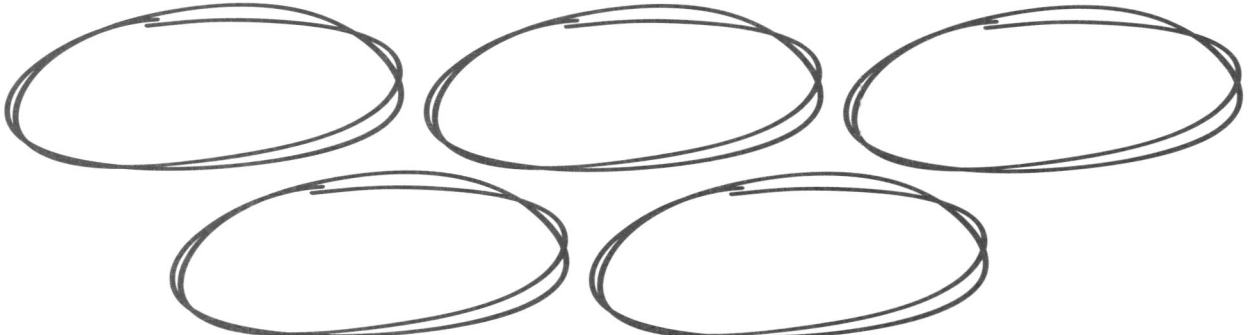

Weißt du, warum man diese Wörter groß schreibt? Begründe es für jeden Begriff.

a. _____

b. _____

c. _____

d. _____

e. _____

(4) Eine Kleinigkeit hat Frau Lohmann nicht bedacht

Frau Lohmanns Betrugsversuch wäre fast gelungen. Eine Kleinigkeit hat sie jedoch übersehen. Versuche genauer zu sein als Frau Lohmann und suche fünf Wörter, die im Text kleingeschrieben sind, und trage sie in die unten abgebildeten Kästchen ein.

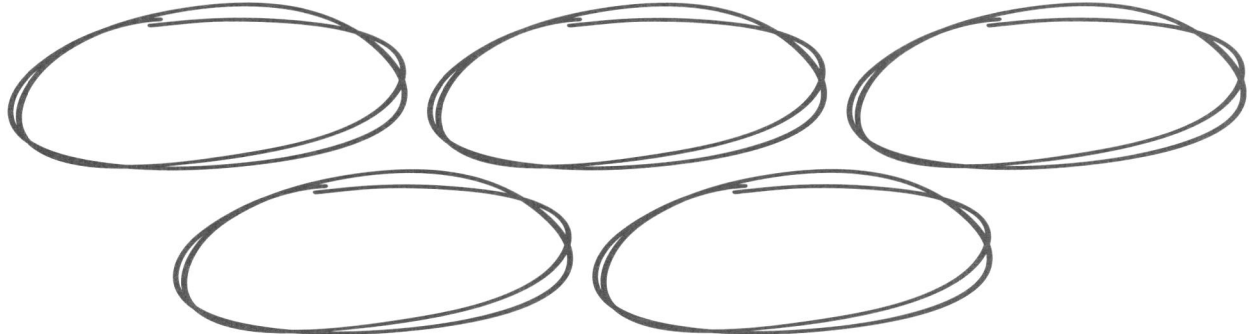

Weißt du, warum man diese Wörter klein schreibt? Begründe es für jeden Begriff.

a. _____

b. _____

c. _____

d. _____

e. _____

(Fortsetzung Aufgaben 5 und 6 ▶ Seite 10)

KV 2

KLASSE 5 – LERNKRIMI 2 – AUFGABEN – KLASSE 5 – LERNKRIMI 2 – AUFGABEN
KLASSE 5 – LERNKRIMI 2 – AUFGABEN – KLASSE 5 – LERNKRIMI 2 – AUFGABEN
LERNKRIMI 2 – AUFGABEN

5 Kommissar Hütter muss sich schnell entscheiden

Entscheide dich zwischen Groß- oder Kleinschreibung. Streiche die falsche Schreibweise durch.

a. Der Kommissar folgt Frau Lohmann in ihr Wohnzimmer / wohnzimmer.

b. Frau Lohmann steht in tränen / Tränen aufgelöst vor ihm.

c. Irgendein Fremder / fremder hat sie vielleicht beobachtet.

d. Frau Lohmann hat niemanden / Niemanden gesehen.

e. Frau Lohmann Protestiert / protestiert gegen ihre festnahme / Festnahme.

6 Kommissar Hütter entdeckt den Fehler

Markiere auch du die Fehler und korrigiere die folgenden Sätze.

a. es ist ein herrlicher sommertag, an dem frau lohmann früh morgens einkauft.

_____

_____

b. KOMMISSAR HÜTTER BETRITT DAS WOHNZIMMER UND UNTERSUCHT ES.

_____

_____

c. der leere tresor steht offen und bilder liegen verstreut auf dem boden.

_____

_____

d. frau lohmann versichert dem kommissar, nichts angefasst zu haben.

_____

_____

e. DIE ÄLTERE DAME TUT DEM SCHROFFEN KOMMISSAR FAST LEID.

_____

_____

KLASSE 5 - LERNKRIMI 3 - TEXT - KLASSE 5 - LERNKRIMI 3 - TEXT
KLASSE 5 - LERNKRIMI 3 - TEXT - KLASSE 5 - LERNKRIMI 3 - TEXT

KV
1

EINZIGER ZEUGE

In der Stadt herrschte Totenstille. Plötzlich war das Splittern von Glas zu hören. Balu knurrte und Jonas nahm die Leine fester in die Hand und zog den Border Collie näher zu sich heran. Heute hatte Jonas wegen einer Lehrerkonferenz schulfrei. Da seine Eltern arbeiten mussten, durfte er das erste Mal am Vormittag allein zu Hause bleiben. Nach dem Spaziergang mit Balu wollte er sich seiner Spielekonsole widmen.

5 Jonas bedeutete seinem Hund, neben sich Sitz zu machen, griff in die kleine Gürteltasche und reichte ihm eine Belohnung. Dann drückte er sich ganz flach an eine Hauswand und lugte vorsichtig um die Ecke. Es dauerte einen Moment, bis er wirklich erkannte, was da vor sich ging.

Nur wenige Meter entfernt befand sich das Juweliergeschäft Stöcker. Vor der Tür des Ladenlokals stand ein schwarz gekleideter Mann mit einer grauen Schirmmütze auf dem Kopf und einer Sonnenbrille auf der Nase.

10 Da heute nicht die Sonne schien, kam der Mann Jonas merkwürdig vor. Immer wieder schaute dieser sich um, hob den Arm und blickte auf seine Armbanduhr.

Jonas griff in seine linke Hosentasche und kramte daraus sein Smartphone hervor. Es zeigte 9:20 Uhr an. Er schaltete es auf lautlos und aktivierte die Kamera. Schnell zoomte er das Bild des Mannes heran und knipste ein Foto.

15 Balu winselte. Jonas legte den Zeigefinger seiner rechten Hand auf die Lippen. Der Hund schien zu verstehen, was er von ihm wollte.

Aus dem Geschäft drangen Geräusche nach draußen: aufgeregte Rufe und immer wieder das Splittern von Glas.

Dann drängten sich plötzlich zwei weitere Männer durch die Tür, einer drehte sich noch einmal um und rief 20 unverständliche Worte zurück in den Laden. Danach standen die drei kurz zusammen und Jonas nutzte den Moment, um ein weiteres Foto zu knipsen.

Doch gerade als er die Kamera zurückzog, passierte es. Einer der Männer drehte sich zu der Ecke um und zeigte mit dem Finger in Jonas' Richtung.

„Komm, Balu!", rief Jonas und nahm die Beine in die Hand. Balu rannte hechelnd neben ihm her und Jonas 25 spürte sein klopfendes Herz. Seine Schritte knallten auf den Asphalt; er wagte es nicht, sich umzudrehen.

„Hey! Bleib stehen!" Er hörte die Rufe eines Mannes, die Stimme klang nah. Zu nah. Jonas versuchte noch einmal seinen Sprint zu beschleunigen. Ein paar Schritte später schaute er sich kurz um. Es schien, als habe er ein wenig Vorsprung gewonnen. Dann schwenkte er nach links und lief einen kleinen Pfad zwischen zwei Grundstücken hindurch. Er wusste genau, wer hier wohnte, und so griff er nach wenigen Metern zielsicher 30 zwischen das dicht wachsende Efeu hindurch, packte die Klinke, schlüpfte durch das Gartentor und schloss es schnell hinter sich und Balu. Er versuchte leise zu atmen, obwohl es ihm nach dem Sprint schwerfiel. Erschöpft ließ er sich auf seine Knie fallen.

„Hast du ihn?", fragte plötzlich eine Stimme. „Nein, er ist weg, wie vom Erdboden verschluckt." „Dann lass uns jetzt endlich abhauen, bevor die Bullen kommen. Was soll der Knirps schon gesehen haben?" Schließlich 35 entfernten sich die Schritte der Männer.

Jonas versteckte sich noch eine Weile hinter dem Holzzaun. Er spürte, wie sich sein Atem beruhigte. Doch er traute den Männern nicht. Er glaubte, sie wollten ihn austricksen. Sicherlich lauern sie noch auf ihn und schnappen ihn, sobald er das Gartentörchen öffnen würde. Einen Moment lang stand er unschlüssig vor der Tür und hielt den Griff in der Hand. Balu sah stillschweigend zu ihm hoch, traute sich ebenso wenig, einen 40 Mucks von sich zu geben. In der Ferne hörte Jonas nahende Sirenen. Endlich, die Polizei.

(Fortsetzung ▶ Seite 12)

Kohlhaas · Deutsch-Krimi 5/6 | 978-3-589-16518-6 | Illustration Lupe: shutterstock/Sonya illustration; Hintergrund: shutterstock/Tobias Steinert

KV 1

KLASSE 5 – LERNKRIMI 3 – TEXT – KLASSE 5 – LERNKRIMI 3 – TEXT
KLASSE 5 – LERNKRIMI 3 – TEXT – KLASSE 5 – LERNKRIMI 3 – TEXT

Gerade als er die Tür öffnen wollte, packte ihn eine Hand von hinten an der Schulter. Voller Angst wirbelte Jonas herum. Balu bellte laut auf. Doch hinter ihm stand nur Herr Pachurke, der Mann, auf dessen Grundstück Jonas flüchtete.

„Jonas? Was machst du denn hier?", fragte er ihn.

45 „Herr Pachurke, Sie glauben ja gar nicht, was passiert ist. Ich habe alles gesehen. Hier auf meinem Handy …", schoss es aus Jonas nur so heraus.

„Jetzt beruhige dich erst einmal. Du bist ja ganz aufgeregt. Wir gehen am besten jetzt ins Haus und dann erzählst du mir bei einem heißen Kakao genau, was du gesehen hast." Herr Pachurke legte seinen Arm um Jonas Schultern und führte ihn in das Haus.

50 Ein wenig später saßen sie in dem hellen Esszimmer und Herr Pachurke hörte sich Jonas' Geschichte an. Der Kakao dampfte und roch köstlich. Balu schlabberte genüsslich eine Schale mit frischem Wasser.

„Darf ich die Fotos mal sehen?", fragte Herr Pachurke. Jonas holte sein Handy hervor und zeigte ihm die Bilder.

„Hmm", Herr Pachurke kratzte sich am Kopf, „Das könnte die Polizei wirklich interessieren."

Herr Pachurke stand auf, griff in eine Schublade und hielt einen Schlüsselbund in der Hand. „Na dann mal

55 los, Jonas. Ich bringe dich jetzt zur Polizei und du erzählst ihnen die ganze Geschichte noch einmal und zeigst ihnen die Fotos."

Zwei Wochen später saß Jonas bei Frau Blum im Deutschunterricht und starrte auf die Tafel. Frau Blum umrahmte die einzelnen Wörter eines Satzes mit verschiedenen Farben. *Jonas bekommt heute seine Belohnung.* Jonas schüttelte leicht den Kopf, als Frau Blum ihn aufrief und bat, die einzelnen Wortarten zu bestimmen.

60 Gerade als er an der Tafel stand und die Kreide in seine Hand nahm, klopfte es an der Tür. Plötzlich stürmte Balu in den Klassenraum und sprang an Jonas hoch. Dahinter kamen Jonas' Eltern, die Schulleiterin Frau Raschke und zwei Polizeibeamte in das Klassenzimmer.

Einer der Polizeibeamten wandte sich dem Jungen zu: „Lieber Jonas, dank deiner Hilfe und deiner Fotos konnten wir vor wenigen Tagen den Überfall auf das Juweliergeschäft Stöcker aufklären". „Herr und Frau

65 Stöcker zeigten sich beeindruckt von deinem Mut und daher bekommst du heute eine Belohnung: Du fährst mit deiner Familie in einen Freizeitpark! Deine Eltern haben heute frei. Pack deine Sachen und los geht's! Frau Raschke ist damit natürlich einverstanden."

Da musste Jonas nicht zwei Mal überlegen. Er ging auf seinen Banknachbarn Leon zu, übergab ihm die Kreide und sagte: „Du, mach bitte mal weiter. Ich habe leider etwas vor." Alle fingen an zu lachen und Jonas verließ

70 stolz mit seiner Familie die Schule.

Kohlhaas · Deutsch-Krimi 5/6 | 978-3-589-16518-6 | Illustration: Dorina Tessmann; Lupe: shutterstock/Sonya illustration; Hintergrund: shutterstock/Tobias Steinert

EINZIGER ZEUGE –
DEM RÄTSEL AUF DER SPUR

1 Der einzige Zeuge

Jonas ist für die Polizei ein wichtiger Zeuge. Nachdem Herr Pachurke ihn zur Polizei gebracht hat, bitten die Beamten ihn um seine Aussage. Schreibe das, was Jonas gesehen hat, möglichst genau auf. Beschränke dich cabei auf die wichtigsten Beobachtungen.

_____

_____

_____

_____

_____

2 Jonas hat seine Aussage gemacht

a. Ein Polizeibeamter prüft Jonas' Aussage noch einmal und kreist die wichtigsten Stichwörter ein. Markiere alle Substantive im Kasten. Achtung: Damit es nicht zu leicht wird, sind alle Wörter kleingeschrieben.

> laufen • klug • hund • armbanduhr • trinken • tafel • knurren • eng •
> verfolgen • zeuge • ausrauben • leine • legen • aufgeregt • knipsen •
> hecheln • kakao • polizei • aussage • hell • rechts • schütteln

b. Markiere nun alle Verben. Achtung: Dieses Mal sind alle Wörter großgeschrieben.

> SCHNELL • BALU • EINBRECHER • VERSTECKEN • ANGST • PACKEN •
> AUFKLÄREN • ÜBERFALL • KOMMEN • GEHEN • KREIDE •
> FREIZEITPARK • STÜRMEN • FREUEN

3 Jonas hat Angst, als ihn die Einbrecher verfolgen

Bilde aus den Begriffen in den Klammern die passenden Adjektive.

a. Jonas blickt sich _____ (ANGST) nach seinen Verfolgern um.

b. Jonas ist _____ (GLÜCK), als er Herrn Pachurke sieht.

c. Herr Pachurke ist sehr _____ (FREUND) zu Jonas und Balu.

KV 1

KLASSE 5 - LERNKRIMI 4 - TEXT - KLASSE 5 - LERNKRIMI 4 - TEXT - KLASSE 5 - LERNKRIMI 4 - TEXT - KLASSE 5 - LERNKRIMI 4 - TEXT

ABERGLAUBE

„Licht aus!" Wie ich diesen Satz hasse! Jeden Abend dasselbe Theater, einfach jeden Abend. Meine Eltern denken wohl, ich sei immer noch vier Jahre alt und sie müssten auf mich aufpassen. Mama hat mir gestern zum Beispiel wieder einmal ein T-Shirt gekauft. Das Teil sieht aus wie ein Müllsack und zu allem Überfluss steht auf der Vorderseite auch noch CUTE BOY.

5 „Weißt du eigentlich, was das heißt?!", habe ich sie gefragt. Keine Antwort.

Es bleibt mir einfach nichts anderes übrig, als gemeinsam mit ihnen, Leo, unserem Kater und meiner nervigen kleinen Schwester unter einem Dach zu wohnen, bis ich alt genug bin.

„Licht aus!" „Du brauchst deinen Schlaf." „Bleib nicht zu lange auf!" – die Sätze des Grauens. Jeden Abend ziehe ich meine Show ab. Brav antworte ich. Lösche das Licht, lege mich ins

10 Bett und warte. Irgendwann läuft der Fernseher. Der Beginn des Abendprogramms meiner Alten. Es dauert manchmal kaum zehn Minuten, bis die beiden auf der Couch eingeschlafen sind. Dann schnappe ich mir mein Smartphone, spanne die Decke über den Kopf, stecke die Kopfhörer in die Ohren und ziehe mir ein paar Videos rein.

Plötzlich kommt eine Message von Sebo. Sebo sitzt in der Schule neben mir. Er ist mein

15 bester Kumpel und heißt eigentlich Sebastian Ohlbrecht. Da der Name aber richtig mies klingt, nennen wir ihn Sebo.

> **Zieh dir das rein, Alter. Das Video ist der Hammer!!** ✓✓

Dazu ein Link. Ich bin vorsichtig, was Links betrifft, und warte lieber erst einmal ab, ob die Nachricht wirklich von Sebo stammt. Ich texte ihm kurz:

> **Fake? Gehackt? Oder wirklich von dir?** ✓✓

Es dauert kurz, aber unter seinem Namen und dem Bild, auf dem er mit seiner Sonnenbrille

20 auf der Nase breit in die Kamera grinst, steht, dass er schreibt.

> **Kein Scheiß, Bro! Musst du sehen!** ✓✓

Ich überlege nicht lange und klicke auf den Link. Die Video-App öffnet sich und ich sehe erst einmal nichts. Nur einen dunklen Bildschirm. Weder drehen noch neigen bringt etwas. Das Display bleibt schwarz. Vielleicht ist es unter der Decke nur zu dunkel. Ich tauche darunter hervor, greife nach links und schalte meine Nachttischlampe ein. Gleichzeitig erhellt sich das Bild

25 auf meinem Smartphone leicht. Ich kneife die Augen zusammen und versuche etwas zu erkennen. Als ich die Decke zurückwerfe und mich aufsetze, trifft mich der Schlag. Ich sehe mich.

Kohlhaas · Deutsch-Krimi 5/6 | 978-3-589-16518-6 | Illustration Lupe: shutterstock/Sonya illustration; Hintergrund: shutterstock/Tobias Steinert

KLASSE 5 - LERNKRIMI! 4 - TEXT - KLASSE 5 - LERNKRIMI! 4 - TEXT
KLASSE 5 - LERNKRIMI! 4 - TEXT - KLASSE 5 - LERNKRIMI! 4 - TEXT
KLASSE 5 - LERNKRIMI! 4 - TEXT

KV 1

Noch bevor ich darüber nachdenken kann, wie Sebo an ein Video von mir gekommen sein könnte, sehe ich mir dabei zu, wie ich mir eine Strähne aus der Stirn wische. Es ist, als blickte ich in einen Spiegel. Ich winke und winke gleichzeitig auf dem Display meines Smartphones.

Geiles Teil, oder?

30 Sebo. Was zur Hölle meint der? Wie hat er es geschafft, meine Handykamera zu entern?

Was zur Hölle ist das?

Ein Technik-Freak ist Sebo nicht gerade. Daher frage ich mich, ob es wirklich Sebo ist, mit dem ich texte und ob ich gerade einen riesengroßen Fehler begangen habe.

Sebo???

Nichts. Keine Antwort. Ich versuche das Fenster zu schließen, aber es funktioniert nicht. Wild tippe ich auf dem Display herum, kann aber nur zwischen Chat und Video-App wechseln.

Schau mal in den Kalender, Bro!

35 Ist das ein Prank? Was soll das? Ich blicke auf die Uhr auf meinem Nachttisch.
Ein Radiowecker. 0:02 Uhr.
Das heißt, es ist bereits der nächste Tag. Freitag.

Freitag! Was hat das mit dem Video zu tun?
Welches Datum, Bro?

Ich überlege. Kommenden Montag schreiben wir Mathe. Das ist der 16. Also ist heute der …
Was war das? Hektisch fummle ich die Kopfhörer aus meinen Ohren. Das schwache Licht
40 meiner Nachttischlampe wirft dunkle Schatten in den Raum. Aber ich bin mir sicher, dass ich etwas gehört habe. Ein Quietschen, ein Knarren. Als würde man die Tür meines …

Freitag, der 13., Bro!

… Schranks öffnen.

KV 2

KLASSE 5 - LERNKRIMI 4 - AUFGABEN - KLASSE 5 - LERNKRIMI 4 - AUFGABEN
KLASSE 5 - LERNKRIMI 4 - AUFGABEN - KLASSE 5 - LERNKRIMI 4 - AUFGABEN

ABERGLAUBE – DEM RÄTSEL AUF DER SPUR

1 Die Schranktür ...

öffnet sich. Aber was könnte der Grund dafür sein? Vielleicht findest du einen Hinweis in der Geschichte. Suche nach einer möglichen Erklärung und schreibe sie hier auf.

_____

_____

_____

2 Der Junge sieht sich selbst

Er kann nicht glauben, dass er sich im Display seines Handys selbst erkennen kann. Kannst du in der folgenden Wortschlange etwas erkennen? Trenne die Wörter voneinander ab und ordne sie richtig in die Tabelle ein.

jungeziehenheutewartensträhneüberlegenaushektischschattendunkeldasdreizehnbettauf

Substantiv	Verb	Adjektiv	Artikel	Präposition	Numerale	Adverb

3 Ist es wirklich Sebo?

Der Junge hat keine Erklärung für dieses seltsame Video. Kannst ihm helfen? Suche die fehlenden Wörter aus dem Text heraus und bestimme ihre Wortart.

a. Wie ich diesen _____ hasse. // *Wortart:* _____

b. Du brauchst _____ Schlaf. // *Wortart:* _____

c. Irgendwann _____ der Fernseher. // *Wortart:* _____

d. _____ soll das? // *Wortart:* _____

e. Das heißt, es ist _____ der nächste Tag. // *Wortart:* _____

Kohlhaas · Deutsch-Krimi 5/6 | 978-3-589-16518-6 | Illustration Lupe: shutterstock/Sonya illustration; Hintergrund: shutterstock/Tobias Steinert

LASSE 5 – LERNKRIMI 4 – AUFGABEN KLASSE 5 – LERNKRIMI 4 – AUFGABEN
LASSE 5 – LERNKRIMI 4 – AUFGABEN – KLASSE 5 – LERNKRIMI 4 – AUFGABEN

KV
2

4 Das schwache Licht wirft dunkle Schatten

Das seltsame Video macht dem Jungen langsam Angst. Er fühlt sich in seinem Zimmer nicht mehr sicher und mit jeder Minute wird das Gefühl schlimmer. Verstärke dieses Gefühl, indem du die Adjektive der folgenden Sätze steigerst.

	Komparativ	Superlativ
Das Licht scheint **schwach**.		
Die Schatten sind **dunkel**.		
Die Tür öffnet sich **langsam**.		
Im Bett ist es **kalt**.		
Die Schranktür quietscht **laut**.		

5 Alles nur Aberglaube?

Eigentlich ist Freitag der 13. ein Tag wie jeder andere. In Wirklichkeit passieren an diesem Tag nicht mehr Unfälle als an anderen Tagen. Trotzdem kommt es immer wieder zu seltsamen Erlebnissen. Hast du auch schon mal etwas Rätselhaftes erlebt? Dann schreibe hier dein Erlebnis auf. Achte dabei auf die Verwendung passender Verben und Adjektive.

_____

_____

_____

_____

_____

_____

_____

_____

_____

_____

_____

_____

_____

_____

Kohlhaas · Deutsch-Krimi 5/6 | 978-3-589-16518-6 | Illustration Lupe: shutterstock/Sonya illustration, Hintergrund: shutterstock/Tobias Steinert

KÖNIG DER DIEBE

Stampfend trat Jan in das Treppenhaus und verkündete lautstark: „Ich bin der König der Diebe!" Er warf die Haustür in das Schloss und schleuderte die dreckigen Stiefel in den Flur. „Ich bin der König der Diebe!", rief er noch einmal. Jan schnaufte. Warum hörte ihn denn niemand?

„Habt ihr nicht gehört?", fragte er lauthals. „Ich bin der König der Diebe!" Er ging an der Treppe vorbei und

5 betrat das Wohnzimmer. Papas Zeitung lag auf dem Tisch und daneben stand eine Tasse Kaffee. Sie dampfte noch. Vom Wohnzimmer aus erreichte er die Küche. Mamas Schürze hing über einem der Stühle, auf der Arbeitsplatte lag auf einem Schneidebrett ein Apfel und daneben ein kleines Küchenmesser.

Trotzig schüttelte Jan den Kopf. Wo waren denn nur seine Eltern hin? Er sollte doch pünktlich um 14 Uhr zu Hause sein, weil sie am Nachmittag zu Omas Geburtstagsfeier fahren wollten. Nachdenklich hob er seinen

10 Kopf und schaute auf die Küchenuhr, die in der Mitte der rechten Wand hing. Sie zeigte genau 14 Uhr an.
„Hallo?", fragte er etwas zaghaft. „Mama? Papa? Seid ihr da?"
Jan verließ die Küche und stieg die Stufen der Treppe nach oben. Langsam öffnete er die Tür zum Badezimmer, jedoch erblickte er nur sich selbst in dem großen Spiegel.
Waren sie etwa schon ohne ihn losgefahren?

15 Jan schloss die Badezimmertür und ging den Flur entlang auf die Tür seines Zimmers zu.
Er konnte sich nicht erklären, warum ihm plötzlich so ängstlich zumute war, aber ihn beschlich das Gefühl, dass etwas nicht stimmte. Die Tür zu seinem Zimmer war nur angelehnt. Jan atmete tief durch und trat dann vorsichtig mit der Fußspitze die Tür auf.
Die Tür schwang langsam nach innen auf. Sein Herz klopfte schneller.

20 Das Zimmer war leer. Es war leer und aufgeräumt. So hatte er es aber nicht hinterlassen, nein.
Seine Mutter hatte ihm zwar befohlen, dass er zuerst sein Zimmer aufräumen sollte, bevor er in den Wald dürfe, aber Jan hatte die Anweisung ignoriert und war sofort losgezogen, um sich von seinen Freunden zum König der Diebe wählen zu lassen.
Hatten Mama und Papa es aufgeräumt und ihn alleine zurückgelassen, weil sie sauer waren?

25 Jans Augen erblickten die Zaubertafel, die auf seiner Bettdecke lag. Irritiert ging er darauf zu und stutzte, als er las, was darauf geschrieben stand: Kleiderbügel. Hemden. Pullover.
Jan überlegte, was ihm diese drei Worte sagen sollten? Er verstand nicht wirklich, was hier vor sich ging.
„Mama? Papa?", wiederholte er noch einmal zögerlich.

Gerade als er mitsamt der Zaubertafel sein Zimmer verlassen wollte, entdeckte er, dass noch etwas darunter

30 lag: Ein kleiner goldener Schlüssel.
Jan nahm ihn und schaute sich den Schlüssel genauer an. Plötzlich wurde ihm klar, was er zu tun hatte. Hastig lief er aus seinem Zimmer und rannte zum Schlafzimmer seiner Eltern. Mit klopfendem Herzen öffnete er langsam die Tür. Niemand wartete auf ihn.
Mit dem Schlüssel in seiner Hand schlich Jan auf den großen Kleiderschrank seiner Eltern zu. In den beiden

35 Türen an den Seiten steckte jeweils ein Schlüssel. In der mittleren Tür jedoch fehlte er. Hinter dieser Tür – das wusste Jan – lagerten Papas Pullover und hingen seine Hemden auf etlichen Kleiderbügeln.
Jan stieß hörbar den Atem aus. Zitternd steckte er den Schlüssel in das Schlüsselloch, als er plötzlich erschrak. Mit lautem Getöse flogen die Türen zur Seite auf. Jan taumelte ein paar Schritte zurück und plumpste auf den Boden.

40 „Ganz schön ängstlich, unser König", tönte eine Männerstimme.
„Und scheinbar schwerhörig obendrein", stimmte eine Frauenstimme ein.
Jan saß auf dem Teppich, hielt den Atem an und blickte ängstlich in zwei ihm sehr vertraute Gesichter.

Kohlhaas · Deutsch-Krimi 5/6 | 978-3-589-16518-6 | Illustration Lupe: shutterstock/Sonya illustration; Hintergrund: shutterstock/Tobias Steinert

LASSE 5 – LERNKRIMI 5 – AUFGABEN – KLASSE 5 – LERNKRIMI 5 – AUFGABEN
LASSE 5 – LERNKRIM! – AUFGABEN – KLASSE 5 – LERNKRIMI 5 – AUFGABEN

KV
2

DER KÖNIG DER DIEBE –
DEM RÄTSEL AUF DER SPUR

1 Wer erschreckt Jan?

Wer steckt in dem Kleiderschrank und erwartet den König der Diebe? Nenne die Lösung.

_____

2 Auf der Suche

Jan sucht im ganzen Haus nach seinen Eltern. Suche auch du zehn Wörter aus dem Text im folgenden Rätsel und markiere sie (senkrecht, waagerecht).

A	W	F	E	C	H	L	R	C	T	R	E	P	P	E	Z	K	S	P	I
S	T	A	M	P	F	E	N	D	D	I	O	P	V	M	I	F	Y	B	S
L	D	E	R	U	P	K	F	A	N	F	A	R	E	N	M	D	U	S	P
K	C	L	U	S	T	I	Ö	W	A	A	S	C	H	P	M	N	U	P	I
K	X	K	Ö	N	I	G	H	N	R	T	P	I	L	Ä	E	Ü	M	I	E
U	Z	U	Z	I	N	T	W	B	I	N	K	F	U	T	R	E	N	E	G
P	K	D	I	W	Ö	T	E	P	O	G	K	Ö	E	Z	I	L	A	G	E
I	T	E	P	I	S	C	H	Z	B	H	N	O	H	L	M	M	E	A	L
O	Ü	R	S	C	H	L	Ü	S	S	E	L	T	T	E	P	P	I	C	H
N	R	T	V	F	E	L	F	R	I	S	T	W	L	L	U	S	E	R	V
T	I	W	C	R	Z	A	U	B	E	R	T	A	F	E	L	B	I	Ä	Ö

3 Die Suche geht weiter

Jan sucht das ganze Haus ab. Hilf ihm dabei: Finde die angegebenen Satzglieder und unterstreiche sie.

a. *Subjekt:* Heute feiert die Oma ihren Geburtstag.

b. *Prädikat:* Jan sucht seine Eltern.

c. *Subjekt (2x):* Sein Papa und seine Mutter sind nicht Zuhause.

d. *Prädikat (besteht aus zwei Teilen):* Papa hat Zeitung gelesen.

e. *Subjekt und Prädikat:* Der Schlüssel liegt unter der Zaubertafel.

KV 2

KLASSE 5 – LERNKRIMI 5 – AUFGABEN – KLASSE 5 – LERNKRIMI 5 – AUFGABEN
KLASSE 5 – LERNKRIMI 5 – AUFGABEN – KLASSE 5 – LERNKRIMI 5 – AUFGABEN

4 Jan stellt bei der Suche das Haus auf den Kopf

Jan sucht überall. Stelle mit ihm gemeinsam das Haus auf den Kopf. Suche in den folgenden Sätzen das Subjekt und Prädikat, unterstreiche sie jeweils mit einer anderen Farbe und stelle dann den Satz um.

a. Der Kaffee ist noch warm.

_____

b. Die Küchenschürze hängt über einem Stuhl.

_____

c. Sein Herz klopft plötzlich sehr schnell.

_____

e. Jan steckt den Schlüssel in das Schlüsselloch.

_____

f. Atemlos sitzt Jan auf dem Schlafzimmerteppich.

_____

5 Jan fragt sich, wo seine Eltern sind

Jan läuft durch das ganze Haus, aber seine Eltern sind nicht zu finden. Immer wieder fragt er nach ihnen. Frage du nun nach dem angegebenen Satzglied und unterstreiche es.

a. **Subjekt:** Stampfend tritt Jan in das Treppenhaus.

_____

_____

b. **Prädikat:** Jan schleudert die dreckigen Stiefel in die Ecke.

_____

_____

c. **Akkusativobjekt:** Jans Papa liest gerne Zeitung.

_____

_____

LASSE 5 - LERNKRIMI 5 - AUFGABEN - KLASSE 5 - LERNKRIMI 5 - AUFGABEN
LASSE 5 - LERNKRIMI 5 - AUFGABEN LERNKRIMI 5 - AUFGABEN
LASSE 5 - LERNKRIMI

KV
2

d. *Adverbiale Bestimmung des Ortes:* Jan sucht seine Eltern in seinem Zimmer.

_____

_____

e. *Adverbiale Bestimmung des Grundes:* Heute Nachmittag muss Jan wegen ihres Geburtstages zu seiner Oma.

_____

_____

⑥ Jan ist der König der Diebe

Den Titel „König der Diebe" trägt auch die Figur Robin Hood. Er nahm den Reichen von ihrem Vermögen etwas weg, um es den Armen zu geben. Gib auch du den Satzgliedern ihre Bezeichnung wieder. Kürze die Begriffe sinnvoll ab.

a. Jan _____ tritt _____ in das Treppenhaus

_____ .

b. Seine Eltern _____ sind nicht _____ zuhause

_____ .

c. Oma _____ hat _____ heute _____

Geburtstag _____ .

d. Komm _____ nach der Schule _____ sofort

_____ nach Hause _____ !

e. Oma _____ haben _____ wir _____

zu ihrem Geburtstag _____ ein Smartphone _____

geschenkt _____ .

Kohlhaas · Deutsch-Krimi 5/6 | 978-3-589-16518-6 | Illustration Lupe: shutterstock/Sonya illustration; Hintergrund: shutterstock/Tobias Steinert

KV 1

KLASSE 6 – LERNKRIMI 1 – TEXT – KLASSE 6 – LERNKRIMI 1 – TEXT
KLASSE 6 – LERNKRIMI 1 – TEXT – KLASSE 6 – LERNKRIMI 1 – TEXT
LERNKRIMI 1 – TEXT

IN VÖLLIGER DUNKELHEIT

Stefan räumte gerade eine Kommode aus, als er zu lachen begann. Ida drehte sich stirnrunzelnd zu ihrem Komplizen um.

„Was ist los, Stefan? Warum lachst du?"

„Ich habe gerade festgestellt, dass wir heute ein kleines Jubiläum feiern."

5 „Ein Jubiläum?", fragte Ida verständnislos.

„Ja, wenn ich richtig gezählt habe, ist das heute das 25. Haus, in das wir eingestiegen sind, seitdem wir gemeinsam auf Tour gehen."

Ida lächelte. Sie dachte daran zurück, wie sie einander kennengelernt hatten. Frisch aus dem Gefängnis entlassen war sie zu einem Schnellrestaurant gegangen und hatte sich einen Burger bestellt. Sie hatte den

10 Gefängnisfraß so satt, dass sie sich nichts sehnlicher wünschte, als einen schmackhaften Burger mit Pommes zu essen, sobald sie frei war. Stefan hatte hinter der Theke ihre Bestellung aufgenommen und anschließend waren sie ins Gespräch gekommen.

Stefan hatte in seiner Vergangenheit schon einige krumme Dinger gedreht und war auf der Suche nach einer neuen Komplizin. Ein guter Informant, der in einem Reisebüro arbeitete, versorgte ihn mit Tipps, wann Häuser

15 wohlhabender Menschen leer standen, weil sich die Eigentümer im Urlaub befanden. In diese wollte Stefan einbrechen. Der Informant erhielt für seine Dienste einen Teil der Beute.

„Soso, das 25. Haus? Hätte ich das gewusst, hätte ich einen Kuchen gebacken", scherzte Ida.

„Naja, vielleicht tut es das ja auch?" Triumphierend hielt Stefan eine Flasche Sekt in die Höhe. „Ich bin gerade zufällig auf die Hausbar gestoßen."

20 Mit geschickten Handgriffen entkorkte er die Flasche und nahm einen kräftigen Schluck. Als er die Flasche an Ida weiterreichte, sagte er: „Dann auf die nächsten 25."

Ida, die gerade auf die teure Schmucksammlung der Eigentümerin gestoßen war, zögerte nicht lange, griff nach dem Flaschenhals und trank.

„Weißt du, was ich dich schon immer mal fragen wollte?"

25 „Was denn?", entgegnete Stefan.

„Warum ist es dir so wichtig, dass es völlig dunkel ist, wenn wir in ein Haus einsteigen?"

„Die meisten Menschen lassen ihre Rollläden ja runter, wenn sie in den Urlaub fahren. Aber ein Kumpel von mir, der eine ähnliche Masche hatte wie wir, ist dadurch aufgeflogen, dass ein Nachbar den Schein seiner Taschenlampe entdeckt hatte, da eben nicht alle Läden geschlossen waren. Daher schaue ich in jedem Haus

30 erst einmal, ob alle Rollläden komplett zu sind. Wenn dem so ist, kann es losgehen. Und wie du ja selbst siehst, funktioniert es wunderbar." Stolz hielt er eine teure Uhr in den Lichtkegel seiner Taschenlampe. „So eine wollte ich schon immer mal haben."

„Was meinst du, warum die Leute hier den Laden des Wohnzimmerfensters nicht geschlossen haben? So war es für uns doch ein Kinderspiel in die Bude zu gelangen", rätselte Ida.

35 „Zerbrich dir darüber nicht den Kopf. Sei doch froh, denn der Einbruch lohnt sich wirklich."

„Ja, und zwar für uns!" Plötzlich flammte das Licht auf und drei Polizeibeamte betraten das Wohnzimmer. Erschrocken ließ Ida die Flasche fallen, die auf die Fliesen polterte ohne zu zerbrechen.

„Aber, wie …?", stotterte Stefan.

„Tja, manchmal können eben auch Rollläden sprechen."

40 Ein Beamter legte den verdutzten Einbrechern Handschellen an und führte sie durch die Terrassentür nach draußen.

„Aber es war doch völlig dunkel …"

Während Stefan noch rätselte, drehte Ida ihren Kopf und blickte auf den geschlossenen Rollladen des Wohnzimmerfensters, den Stefan nach unten gelassen hatte. Enttäuscht senkte sie den Kopf.

Kohlhaas · Deutsch-Krimi 5/6 | 978-3-589-16518-6 | Illustration Lupe: shutterstock/Sonya illustration; Hintergrund: shutterstock/Tobias Steinert

LASSE 6 – LERNKRIMI 1 – AUFGABEN – KLASSE 6 – LERNKRIMI 1 – AUFGABEN
LASSE 6 – LERNKRIMI 1 – AUFGABEN – KLASSE 6 – LERNKRIMI 1 – AUFGABEN
LASSE 6 – LERNKRIMI

KV
2

IN VÖLLIGER DUNKELHEIT –
DEM RÄTSEL AUF DER SPUR

1 Sprechende Rollläden – was meint der Polizist?

Die Polizei überrascht Ida und Stefan während ihres Einbruchs. Aber was hat die beiden verraten? Der Polizist meint, dass auch Rollläden sprechen könnten. Beschreibe den Hinweis.

_____

_____

_____

2 Die Diebe bei der Arbeit

Stefan und Ida durchwühlen Schubladen und Schränke nach wertvollen Gegenständen. Dabei spielen sie oft ihr Lieblingsspiel „Tee-Kesselchen gesucht". Bei diesem Spiel sucht man nach Begriffen, die zwei oder mehrere unterschiedliche Dinge bezeichnen (Homonyme). Überlege dir fünf solcher Begriffe und schreibe sie mit ihren Bedeutungen auf.

a. _____

b. _____

c. _____

d. _____

e. _____

3 Immer dieselbe Masche

Ida und Stefan wenden immer dieselbe Masche an, wenn sie in Häuser einbrechen. Irgendwann musste demnach mal etwas schiefgehen. Das soll dir nicht passieren. Suche daher für folgende Begriffe möglichst drei verschiedene Wörter mit gleicher Bedeutung (Synonyme).

a. lachen – _____

b. gehen – _____

c. sehen – _____

d. dunkel – _____

e. Bude – _____

KV 2

KLASSE 6 – LERNKRIMI 1 – AUFGABEN – KLASSE 6 – LERNKRIMI 1 – AUFGABEN
KLASSE 6 – LERNKRIMI 1 – AUFGABEN – KLASSE 6 – LERNKRIMI 1 – AUFGABEN

4 Ida und Stefan – ein ungleiches Paar

Ida ist eher klein, Stefan hingegen recht groß. Das Gegenteil eines Wortes bezeichnet man als Antonym. Verbinde die hier aufgeführten Wörter mit dem passenden Gegenteil.

dunkel	faul	dick	berühmt
klein	nett	schwach	humorvoll
hässlich	groß	ernst	interessant
böse	hell	langweilig	stark
fleißig	hübsch	unbekannt	dünn

5 Die Diebe sind geschnappt

Während Ida und Stefan von der Polizei vernommen werden, sitzt im Nebenraum der Zeuge, der die Polizei benachrichtigt hat. Er ist so aufgeregt, dass ihm die richtigen Wörter nicht einfallen. Hilf ihm und setze die richtigen Begriffe in den Lückentext ein.

Ich lag schon im Bett und [pennte] (Synonym) _____, als plötzlich ein

Geräusch auf dem Dachboden mich [einschläferte] (Antonym) _____.

Dort [stirbt] (Antonym) _____ nämlich seit einiger Zeit ein Waschbär

und verwüstet alles. Nachdem ich auf der Toilette war, bin ich in die Küche [geschritten]

(Synonym) _____, um mir ein Glas Wasser [auszuschütten]

(Antonym) _____. Während ich es trank, habe ich aus dem

Fenster [geblickt] (Synonym) _____.

Das Wohnzimmerfenster meines Nachbarn liegt genau gegenüber. Ich brauchte einen

Moment, bis ich verstand, was dort vor sich ging. Dann bin ich [langsam] (Antonym)

_____ zum Telefon gelaufen und habe die Polizei [angeklingelt]

(Synonym) _____ .

Kohlhaas · Deutsch-Krimi 5/6 | 978-3-589-16518-6 | Illustration Lupe: shutterstock/Sonya illustration; Hintergrund: shutterstock/Tobias Steinert

LASSE 6 – LERNKRIMI 1 – AUFGABEN – KLASSE 6 – LERNKRIMI 1 – AUFGABEN
LASSE 6 – LERNKRIMI 1 – AUFGABEN LERNKRIMI 1 – AUFGABEN
LASSE 6 – LERNKRIMI 1 – AUFGABEN – KLASSE 6 – LERNKRIMI 1 – AUFGABEN

KV
2

(6) Klingelingeling! Das Telefon klingelt

Der Polizist nimmt kurz nach dem ersten Läuten den Hörer ab. Den Laut sprachlich darzustellen nennt man Lautmalerei (Onomatopoesie). Dies kennt man auch aus Comics. Nun bist du an der Reihe: Überlege dir lautmalerische Begriffe, um folgende Handlungen darzustellen.

a. Der Hahn kräht. _____

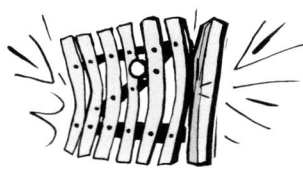

b. Ich schlage die Tür laut zu. _____

c. Die Tasse fällt auf den Boden. _____

d. Der Schuss erschreckt mich. _____

e. Ich tue mir weh. _____

DER FEHLENDE SCHLÜSSEL

Er schlug die Augen auf. Sein Hinterkopf schmerzte. Was war passiert? Wo befand er sich? Ächzend richtete er sich auf und versuchte seinen Kopf zu drehen. Er saß auf einem kalten Steinboden. Rechts neben ihm stand ein Tisch.

Langsam erhob er sich und blickte sich um. Auf dem Tisch stand nur eine Kerze, deren Flamme leicht
5 flackerte. Hinter ihm befand sich ein Metallschrank. Es war kaum möglich, den viereckigen Raum vollkommen zu erkennen.

Vor sich sah er eine Tür. Er ging darauf zu, griff nach der Klinke und drückte sie runter. Doch die Tür blieb verschlossen.

„Hallo? Ist da jemand?", fragte er unsicher in den Raum. Keine Antwort. Er legte sein Ohr an die Innenseite der
10 Tür und horchte. Er meinte, ein Ticken hören zu können, vielleicht eine Uhr?

Er schüttelte ungläubig den Kopf, da er sich überhaupt nicht erklären konnte, wo er sich befand und was mit ihm passiert war. Das Schlimmste war, dass er sich nicht einmal an seinen Namen erinnerte. Er schaute an sich herab. Zu einer dunklen Jeans trug er einen roten Kapuzenpulli. Seine Schuhe fehlten und die Füße steckten in weißen Tennissocken, die völlig verdreckt waren. Er kramte in seinen Hosentaschen. In der linken
15 Tasche fand er einen Zettel. Nachdem er ihn hervorgeholt hatte, erkannte er, dass es die Trägerfolie eines Aufklebers war. Der Aufkleber fehlte.

Darauf konnte er sich keinen Reim machen. Hatte er einen Aufkleber aufgeklebt und die Rückseite danach einfach in seine linke Hosentasche gesteckt?

„Hallo?", wiederholte er. „Hört mich jemand? Hilfe! Ich bin hier eingesperrt", rief er etwas lauter.
20 Niemand antwortete ihm, niemand öffnete die Tür. Bis auf das leise Ticken der Uhr blieb es gespenstisch still. Vorsichtig rieb er sich den Hinterkopf, der immer noch schmerzte. Hatte ihn etwa jemand bewusstlos geschlagen? Das würde erklären, dass er Schmerzen hatte und sich an nichts mehr erinnern konnte.

Er blickte sich noch einmal in dem kargen Raum um. An der linken Wand hingen zwei Metallschilder, an der rechten Wand befand sich ein Spiegel. In der Mitte der hinteren Wand stand der Schrank. Er trat an die
25 Metallschilder heran. Auf dem ersten, sehr dunklen Schild stand in großen schwarzen Buchstaben und Zahlen „Old Route 66". Das andere Schild schien bunter gestaltet zu sein, jedoch konnte er in der Dunkelheit die Farben kaum erkennen. In der Bildmitte entdeckte er einen Hot Dog, darunter las er „Hot & Fresh" und erspähte eine Preisangabe von 50 Cent. Er drehte sich um und ging auf den Spiegel zu. In dem schwachen Licht sah er sein Gesicht. Dichte Augenbrauen, ein glattrasiertes Kinn. An seinen Namen erinnerte er sich trotzdem
30 nicht.

„Das darf doch nicht wahr sein!", schrie er und raufte sich die blonden Haare.

Er nahm die Kerze des Tisches und stellte sie vor dem Metallschrank ab. Erst jetzt erkannte er, dass es sich um einen Tresor handelte. In der Mitte der schweren Metalltür entdeckte er ein Tastenfeld mit Zahlen. Man benötigte also einen Code, um diese zu öffnen.

35 Er nahm die Kerze hoch und beleuchtete das Tastenfeld. Oberhalb der Zahlen befand sich eine schmale Anzeige. Er wählte eine Zahl aus und drückte sie. Im Anzeigefeld erschien darauf ein Stern und ein leises

Kohlhaas · Deutsch-Krimi 5/6 | 978-3-589-16518-6 | Illustration Lupe: shutterstock/Sonya illustration; Hintergrund: shutterstock/Tobias Steinert

KLASSE 6 - LERNKRIMI 2 - TEXT - KLASSE 6 - LERNKRIMI 2 - TEXT
KLASSE 6 - LERNKRIMI 2 - TEXT - KLASSE 6 - LERNKRIMI 2 - TEXT
KLASSE 6 - LERNKRIMI 2 - TEXT - KLASSE 6 - LERNKRIMI 2 - TEXT

KV
1

Piepen ertönte. Er drückte die Zahl noch einmal, dann ein weiteres Mal und schließlich wieder. Nach der vierten Zahl vernahm er einen Ton, der ihm zu erkennen gab, dass die Eingabe falsch war. Er wusste nun aber, dass er vier Zahlen benötigte. Aber woher nur sollte er diese Zahlen wissen?

40 Suchend blickte er sich um und streifte dabei die beiden Schilder. Plötzlich hatte er eine Idee. Er kniff die Augen zusammen und trat mit der Kerze in der Hand an die Schilder heran. Ein Versuch war es wert.

Er ging rasch zurück zu dem Tresor und drückte zwei Mal die sechs, einmal die fünf und schließlich die Null. Ein heller Pfeifton ertönte und er hörte ein deutliches Klicken. Nachdem er die Kerze abgestellt hatte, zog er an der schweren Tür. Sie öffnete sich.

45 In dem Tresor stand eine Truhe. Sie war mit einem Vorhängeschloss gesichert. Der restliche Innenraum war leer, bis auf einen Umschlag. Mit zitternden Fingern öffnete er den Umschlag. Auf einem Zettel darin stand:

Der Schlüssel zur Freiheit liegt in der Truhe.

Wütend hämmerte er mit der flachen Hand gegen den Tresor. Das konnte doch nicht wahr sein, irgendjemand wollte ihn reinlegen.

50 „HILFE!!", rief er noch einmal laut. Wieder keine Antwort.

Plötzlich rumorte es. Ein ohrenbetäubender Lärm erklang. Der ganze Raum begann zu schwanken. Er konnte sich kaum mehr auf den Beinen halten. Es knackte und knisterte und plötzlich ertönte eine laute Stimme: „Noch fünf Minuten!"

Völlig verwirrt hielt er sich an der Tresortür fest. Was würde in fünf Minuten geschehen? Er musste unbedingt

55 aus diesem Zimmer raus.

Hastig nahm er die Truhe aus dem Tresor und stellte sie auf den Tisch. Vielleicht war der Schlüssel für das Vorhängeschloss irgendwo befestigt? Er schaute an den Seiten nach, untersuchte den Deckel.

„Noch vier Minuten!"

Schweiß rannte ihm die Stirn hinunter. Er hatte fast keine Zeit mehr, bis was auch immer passierte. Aber er

60 hatte das Gefühl, dass es nichts Gutes sei, was nach Ablauf des Countdowns passieren würde.

Als er die Truhe anhob, entdeckte er etwas. Er drehte sie und legte sie auf den Tisch. Auf der Unterseite klebte ein Aufkleber. Die Größe passte genau zu der Folie, die er in seiner Hosentasche gefunden hatte. Hatte er selbst den Aufkleber auf die Truhe geklebt?

Schnell holte er die Kerze. Auf dem Aufkleber war zu lesen: *Bin ich davor, bin ich darin. Bin ich darin, bin ich*

65 *davor.*

Was sollte das nun schon wieder sein? Ein Rätsel?

„Noch drei Minuten!"

Mit dem Ärmel wischte er sich den Schweiß von der Stirn. Er atmete schwer.

Hilfesuchend blickte er sich noch einmal in dem kleinen Raum um. Irgendwo musste die Lösung liegen.

70 Irgendwie musste er doch aus diesem Zimmer herauskommen. Der Schlüssel, so nah und doch so fern.

Noch einmal las er die Worte, die auf dem Aufkleber standen.

„Noch zwei Minuten!"

Auf einmal wurde ihm klar, wo sich der Schlüssel befand. Jetzt dauerte es nicht mehr lang und er würde endlich frei sein.

DER FEHLENDE SCHLÜSSEL –
DEM RÄTSEL AUF DER SPUR

① Der rätselhafte Raum

Der Mann wacht orientierungslos in einem unbekannten Raum auf. Die Polizei verlangt später von ihm, den Raum aufzuzeichnen. Erstelle eine Skizze des rätselhaften Raumes.

② Wo ist der Schlüssel?

Auf dem Aufkleber stehen folgende Worte:

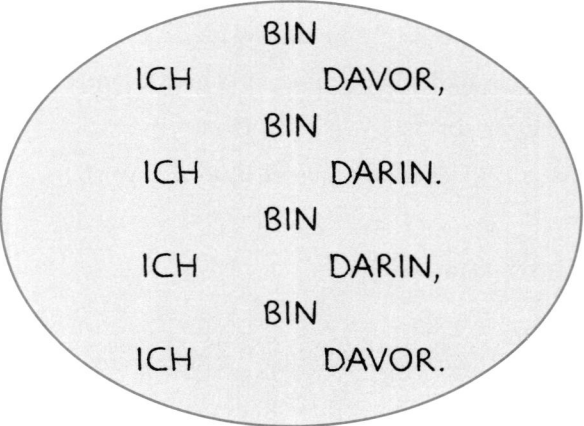

BIN
ICH DAVOR,
BIN
ICH DARIN.
BIN
ICH DARIN,
BIN
ICH DAVOR.

Was ist dem namenlosen Unbekannten aufgefallen? Erkläre, wo sich der Schlüssel befindet.

_____

_____

_____

Kohlhaas · Deutsch-Krimi 5/6 | 978-3-589-16518-6 | Illustration Lupe: shutterstock/Sonya illustration; Hintergrund: shutterstock/Tobias Steinert

③ Wer ist der Mann?

a. Um die Identität des Namenlosen klären zu können, muss eine Beschreibung angefertigt werden. Beschreibe den Unbekannten mit treffenden Attributen aus dem Text:

_____

_____

_____

_____

_____

b. Welche Attribute fehlen, um ihn noch genauer zu beschreiben? Stelle Fragen nach wichtigen Attributen, um die Beschreibung zu vervollständigen.

_____

_____

_____

_____

④ Wo befindet sich der Mann?

Um herauszufinden, wo sich der rätselhafte Raum befindet, muss der Unbekannte diesen möglichst genau beschreiben. Suche Attribute im folgenden Satz und trage sie richtig in die Tabelle ein.

Ich saß auf einem kalten Steinboden. Rechts neben mir stand ein Tisch mit einer Kerze. Die Flamme der Kerze flackerte leicht. Hinter mir befand sich ein schwerer Metallschrank, ein Tresor, wie sich später herausstellte, und vor mir eine Tür. Rechts sah ich eine Wand mit zwei Metallschildern …

Adjektivattribut	präpositionales Attribut	Genitivattribut	Apposition

Kohlhaas · Deutsch-Krimi 5/6 | 978-3-589-16518-6 | Illustration Lupe: shutterstock/Sonya illustration; Hintergrund: shutterstock/Tobias Steinert

GIFT

Draußen donnerte es krachend. Der raue Wind rüttelte an den Brettern des Verschlages, in dem die beiden Frauen seit Stunden saßen. Teresa schaute sich um. Es war kalt. Sie fror. Vor ihr auf dem Tisch stand ein Glas Wasser. Vor der Entführerin erblickte sie ein zweites Glas.

„Warum hast du mich hierher gebracht?"

5 Die Entführerin sah sie schweigend an.

„Bitte lass mich gehen!"

Ohne zu antworten, stand die Entführerin auf, ging zu einer kleinen Kommode in der Ecke des Raumes und öffnete sie.

„Ich lasse dich gehen, wenn du mein Geheimnis löst", sagte sie, als sie zurück an den Tisch kam. Mit einem

10 aufreizenden Grinsen legte sie eine Schachtel in die Mitte des Tisches.

„Was ist das?"

„Öffne sie und sieh selbst!", befahl sie.

Mit klammen Fingern nahm Teresa die Schachtel und öffnete sie: Es waren Tabletten. Die Verpackung schien neu. Keine einzige Pille war bisher entnommen worden.

15 „Das ist Gift", sagte die Entführerin monoton.

Als könne man allein von der Berührung bereits sterben, ließ Teresa die Packung wieder auf den Tisch fallen.

„Los, nimm zwei Tabletten heraus!"

Teresa zögerte.

„Nun mach schon!", schrie die Entführerin und knallte ihre Fäuste auf die Tischplatte.

20 Nervös fummelte Teresa zwei Tabletten aus der Verpackung und legte sie auf den Tisch. Die Entführerin griff danach und legte eine neben ihr Glas und eine neben das von Teresa.

„Weißt du, seit Jahren entführe ich Menschen und seit Jahren spiele ich dieses Spiel. Ich sitze noch immer hier und tue das, was ich tue, weil es einfach niemandem gelingt, hinter mein Geheimnis zu kommen. Langsam ödet mich mein Spiel an, aber was soll ich tun?"

25 „Lass mich doch einfach gehen!"

„Ach, auch das wäre langweilig."

„Wenn du doch keine Lust mehr auf dein Spiel hast …"

„Aber es läuft doch schon!", unterbrach die Entführerin Teresa. „Du spielst schon mit."

Plötzlich wurde Teresa ganz warm. Sie wollte nur nach Hause. Nach Hause zu ihrer Familie, die sicher alle voller

30 Sorge auf sie warteten.

„Aber ich …", stotterte sie.

„Was glaubst du? Wie ist es mir gelungen über all die Jahre am Leben zu bleiben, wo die Voraussetzungen doch gleich sind?" Während sie sprach, nahm die Entführerin ihre Tablette, legte sie auf ihre Zunge und spülte sie mit einem Schluck aus ihrem Glas hinunter.

35 „Los, jetzt bist du dran."

Teresa traute ihren Augen nicht. Was sollte ihr denn passieren? Die Verrückte hatte vor ihren Augen eine der Tabletten genommen und zwar aus derselben Packung, von Teresa willkürlich gewählt.

„Los! Oder traust du dich nicht? Vielleicht schaffst du es ja …"

Teresa griff langsam nach der Tablette. Mit blitzenden Augen folgte die Entführerin ihrer Hand. Bisher hatte

40 kein Opfer überlebt. Was konnte sie tun? Sie selbst hatte die Tabletten herausgelöst, die Entführerin konnte nicht wissen, welche sie bekommen würde.

„Los! Oder muss ich dir dabei helfen? Nur ein Schluck und wir sehen, wer gewonnen hat. Du oder ich?"

Mit einem Mal wusste Teresa, wie sie das Spiel gewinnen und das Geheimnis der Entführerin lüften konnte.

Lächelnd öffnete sie ihren Mund, legte die Tablette hinein und sagte nur: „Na dann, Prost!"

Kohlhaas · Deutsch-Krimi 5/6 | 978-3-589-16518-6 | Illustration Lupe: shutterstock/Sonya illustration; Hintergrund: shutterstock/Tobias Steinert

LASSE 6 – LERNKRIMI 3 – AUFGABEN – KLASSE 6 – LERNKRIMI 3 – AUFGABEN
LASSE 6 – LERNKRIMI 3 – AUFGABEN – KLASSE 6 – LERNKRIMI 3 – AUFGABEN

KV
2

GIFT –
DEM RÄTSEL AUF DER SPUR

① Wie kann Teresa überleben?

Teresa hat eine Idee und sie ist sich sicher, das Spiel zu gewinnen. Bleibst auch du am Leben?
Dann beschreibe, wie man das Spiel gewinnen kann.

_____

_____

_____

② Teresa und ihre Entführerin im Zwiegespräch

Teresa versucht im Gespräch ihre Entführerin davon zu überzeugen, sie gehen zu lassen oder
das Spiel zu beenden. Doch davon will die Entführerin nichts wissen. Sie ignoriert Teresas
Ideen. Auch im folgenden Text hat jemand die Satzzeichen ignoriert. Ergänze sie.

Völlig entgeistert schaute die Entführerin Teresa an. „Wie konntest du das wissen◯“, fragte
sie. Teresa stand auf, blickte ihr triumphierend in die Augen und rief◯ „Du selbst hast
mir die Lösung des Rätsels verraten◯“ Die Entführerin schwieg◯ „Du kannst dich
nicht erinnern, oder doch?◯, fragte Teresa. Sie trat ganz nah an die Entführerin heran◯
Teresa ging an ihr vorbei, griff nach ihren Haaren und zog ruckartig ihren Kopf nach hinten.
Die Entführerin schrie vor Schmerzen auf◯ „Nur einen Schluck“, hast du gesagt. „Nur einen
Schluck und wir würden sehen◯ was passiert.“ „Lass mich los◯ Du tust mir weh“, klagte
die Entführerin.
„Traust du dich◯“, fragte Teresa. „Traust du dich, einen Schluck zu trinken?“ Dann griff sie
nach ihrem Glas und stellte es vor der Entführerin ab◯

③ Teresa trifft die richtige Entscheidung

Somit rettet sie ihr Leben. Kannst du in den folgenden Beispielen auch richtig von falsch
unterscheiden? Kreuze den richtigen Satz an. Achte dabei auf die Zeichensetzung.

a. ◯ Sie sagte sie sei sich unsicher.
◯ Sie sagte, sie sei sich unsicher.

b. ◯ Morgen kann ich dir nicht helfen, da ich einen Termin habe.
◯ Morgen kann ich dir nicht helfen da ich einen Termin habe.

c. ◯ Die Geschichte, die sie gerne erzählt, ist sehr traurig.
◯ Die Geschichte, die sie gerne erzählt ist sehr traurig.

d. ◯ „Wie konntest du das wissen?", fragte sie.

◯ „Wie konntest du das wissen?" fragte sie.

e. ◯ Um zu überleben, musst du das Geheimnis kennen.

◯ Um zu überleben musst du das Geheimnis kennen.

f. ◯ Bitte helfen Sie mir, oder lassen Sie mich allein.

◯ Bitte helfen Sie mir oder lassen Sie mich allein.

g. ◯ Sie rettete nicht nur sich sondern auch andere.

◯ Sie rettete nicht nur sich, sondern auch andere.

④ Aus dem Bauch heraus

Teresa traf ihre Entscheidung nicht nur aus dem Bauch heraus, sondern kam begründet zu dem Schluss, wie sie das Geheimnis der Entführerin lösen konnte. Wie sieht es mit dir aus? Kannst du deine Lösung aus Aufgabe 3 begründen? Dann schreibe jeweils deine Gründe hier auf.

_____

_____

_____

_____

_____

_____

_____

_____

_____

_____

_____

_____

_____

_____

_____

Kohlhaas · Deutsch-Krimi 5/6 | 978-3-589-16518-6 | Illustration Lupe: shutterstock/Sonya illustration; Hintergrund: shutterstock/Tobias Steinert

LASSE 6 – LERNKRIMI 3 – AUFGABEN – KLASSE 6 – LERNKRIMI 3 – AUFGABEN
LASSE 6 – LERNKRIMI 3 – AUFGABEN
LASSE 6 – LERNKRIMI 3 – AUFGABEN

KV 2

(5) Teresa kann sich befreien

Sie alarmiert die Polizei und sitzt ein wenig später auf dem Revier, um die Fragen des Polizisten zu beantworten, der genau wissen will, wie sie sich während des Gesprächs mit der Entführerin gefühlt hat. Verfasse einen eigenständigen Dialog basierend auf den Geschehnissen in „Gift".

_____

_____

_____

_____

_____

_____

_____

_____

_____

_____

_____

_____

_____

_____

_____

_____

_____

_____

_____

_____

_____

_____

_____

Kohlhaas · Deutsch-Krimi 5/6 | 978-3-589-16518-6 | Illustration Lupe: shutterstock/Sonya illustration; Hintergrund: shutterstock/Tobias Steinert

ILSEBILL

Samira schlug die Augen auf. Der Radiowecker auf dem Nachttisch rauschte. Dröhnend flog ein Hubschrauber über das Dach des Hauses, so tief, dass einzelne Bücher aus ihrem Regal auf den Boden knallten. Sie griff nach rechts und zog ihr Smartphone zu sich heran. Sie entsperrte es. Ihr Messanger zeigte an, dass sie 78 Nachrichten erhalten habe. Samira schüttelte den Kopf. War das eine Sirene, die sie da hörte?

5 Alle Nachrichten entstammten der Gruppe „Class of heroes", der Klassengruppe. Samira schluckte. Sie spürte, dass irgendetwas nicht stimmte.

Sie öffnete die Nachricht, die zuletzt eingetroffen war – laut Anzeige um 2:23 Uhr in der Nacht. Sören hatte sie abgeschickt.

Was sollte das bedeuten? Samira überflog die vorherigen Nachrichten. Viele davon waren Fragen, warum das

10 alles passiere. Einige schrieben, dass sie Angst hätten. Samira wollte fragen, was denn los sei, als sie bemerkte, dass sie weder Netz noch Internet hatte. Sie schlug die Bettdecke zurück. Warum hatte sie eigentlich niemand geweckt? Als sie die Tür ihres Zimmers öffnete, hörte sie auf der Straße laute Geräusche. Sie rannte zurück zum Fenster, zog den Vorhang zur Seite und erschrak. Draußen war es stockfinster. Einzelne flackernde Lichter waren am Horizont zu erkennen. Es schien dort zu brennen. Plötzlich flammten Lichter auf und Samira

15 erkannte gepanzerte Fahrzeuge, die durch die Straßen fuhren.

Achtung! Bitte verlassen Sie nicht ihre Häuser! Bleiben Sie zuhause! Gehen Sie nicht nach draußen! Halten Sie alle Fenster und Türen geschlossen!

Samira schlug sich entsetzt eine Hand vor den Mund. Was war denn nur geschehen? Wo waren ihre Eltern? Sie rannte zur Tür, die Treppe nach unten. Im Untergeschoss herrschte blankes Chaos. Alle Möbel lagen

20 aufgetürmt übereinander. Der Fernseher zeigte die Warnmeldung, die sie eben von der Straße gehört hatte.

Gehen Sie nicht auf die Straße! Wir befreien Sie, sobald die Gefahr vorüber ist!

Befreien? Gefahr? Samira stiegen Tränen in die Augen.

„Mama? Papa?", rief sie laut. „Wo seid ihr denn nur?"

Kohlhaas · Deutsch-Krimi 5/6 | 978-3-589-16518-6 | Illustration: Dorina Tessmann; Lupe: shutterstock/Sonya illustration; Hintergrund: shutterstock/Tobias Steinert

Mit dem Rücken an der Wand sank sie nach unten. Ihr Kopf schmerzte. Sie hatte solche Angst.

25 Plötzlich klopfte es an der Tür. Samira stand auf und ging langsam auf die Haustür zu. Es klopfte erneut.

Härter. Lauter.

„Ja?", fragte sie zaghaft.

„Dein Name?" Es klang eher nach einem Befehl als nach einer Frage.

„Sa … Sa … mira", stotterte sie.

30 „Samira, und weiter?"

„Samira Nowak."

„Bist du allein?"

Samira überlegte, was sie antworten sollte. Sie hatte keine Ahnung, ob sie der Stimme vertrauen konnte.

„Wer sind Sie?", fragte sie und versuchte ihrer Stimme einen festen Klang zu verleihen.

35 „Ich muss wissen, ob du allein bist?"

„Ja, ja … ich bin allein."

„Das ist gut. Kennst du das Märchen?"

Samira verstand die Frage nicht. Welches Märchen?

„Das Märchen?", platzte es einfach aus ihr heraus.

40 „Ja, ich kann dich nur retten, wenn du das Märchen kennst. Also, kennst du das Märchen?"

„Aber woher soll ich …?"

„Es tut mir leid, aber ich habe klare Anweisungen, nur die zu retten, die das Märchen kennen. Ich wünsche dir viel Glück", unterbrach die Stimme sie.

Samira verstand die Welt nicht mehr. Alles um sie herum verschwamm. Sie sackte zusammen.

45 „Aber …" Tränen erstickten ihre Stimme.

„Es tut mir leid. Wir waren einfach zu maßlos. Wir haben es verdient, dass es uns passiert."

In Samiras Kopf herrschte Leere. Zu maßlos? Das Märchen? Retten? Sie dachte an die ängstlichen und verzweifelten Nachrichten ihrer Freundinnen und Freunde und an die Emojis von Sören.

„Wenn du das Märchen kennen würdest, würde ich dich retten. Ich muss jetzt leider gehen."

50 Plötzlich klang die Stimme freundlich, fast fürsorglich.

„Warte!", schrie Samira.

„Es tut mir …"

„Du willst den Titel des Märchens wissen?" Samiras Puls raste.

„Ja, wenn du ihn kennst, darf ich dich retten."

55 Sören. Er hatte alle retten wollen. Samira stand auf, drehte sich zur Tür und sprach die rettenden Worte.

KV 2

KLASSE 6 - LERNKRIMI 4 - AUFGABEN - KLASSE 6 - LERNKRIMI 4 - AUFGABEN - KLASSE 6 - LERNKRIMI 4 - AUFGABEN - LERNKRIMI 4 - AUFGABEN

ILSEBILL - DEM RÄTSEL AUF DER SPUR

(1) Nur wer das Märchen kennt, wird überleben

a. Wie lautet der Titel des gesuchten Märchens? Trage ihn ein.

_____

b. Irgendetwas Schlimmes ist passiert, da die Menschen zu maßlos gewesen sind. Das heißt, sie haben zu viel verbraucht und haben über ihre Verhältnisse gelebt. Was hat das mit dem gesuchten Märchen zu tun? Du weißt es? Dann trage deine Lösung unten ein.

_____

_____

_____

_____

(2) Samira und ihre Eltern wurden getrennt

Sie ist allein im Haus und weiß nicht, was geschehen ist und wo sich ihre Familie befindet. In der folgenden Übung musst du entscheiden, ob man etwas getrennt- oder zusammenschreibt. Vervollständige die Sätze richtig.

a. Wenige Tage zuvor wurde die Bevölkerung vor dem Ereignis gewarnt. Samira hätte nur

[Zeitung] [lesen] _____

müssen.

b. Ein Wissenschaftler wurde als Lügner bezeichnet. Er wollte über die bevorstehenden

Ereignisse einen [Aufsatz] [schreiben] _____,

um die Bevölkerung zu warnen.

c. Samira fühlt sich im Haus eingesperrt. Sie will unbedingt [frei] [kommen]

_____.

d. Anders als viele ihrer Freunde will sie es schaffen und nicht einfach [schwarz] [sehen]

_____.

e. Sie packt ihre Kamera ein. Sie ist [hoch] [wertig] _____.

Kohlhaas · Deutsch-Krimi 5/6 | 978-3-589-16518-6 | Illustration Lupe: shutterstock/Sonya illustration; Hintergrund: shutterstock/Tobias Steinert

KLASSE 5 – LERNKRIMI 2 – AUFGABEN – KLASSE 5 – LERNKRIMI 2 – AUFGABEN – LERNKRIMI 2 – AUFGABEN – KLASSE 5 – LERNKRIMI 2 – AUFGABEN

KV 2

③ Die Emojis

Samira muss die Bedeutungen der einzelnen Emojis richtig zusammensetzen, um an den Titel des Märchens zu kommen. Bilde sinnvolle Wortverbindungen aus dem oberen und unteren Kasten. Achte auf die Groß- und Kleinschreibung.

> Bild • Baum • Fenster • zusammen • raus • strafen • trinken • schwer • geheim

> Konto • Becher • Schirm • Stoß • Haus • Wurf • Stoß • Rahmen • Kraft

_____

_____

_____

_____

④ Viel Glück

Der Retter will schon fast gehen und wünscht Samira alles Gute. Doch dann kommt sie am Ende doch noch auf die richtige Lösung. Jetzt musst du dich für die richtige Lösung der beiden Schreibweisen entscheiden. Markiere sie.

Als die Tür geöffnet wird, **schliest/schließt** der Retter Samira in seine Arme. Er trägt einen Schutzanzug, eine **Atemaske/Atemmaske** und eine **Sauerstoffflasche/Sauerstofflasche** auf dem Rücken. Die Blaulichter auf den gepanzerten Fahrzeug erhellen **gespenstig/gespenstisch** die Gegend. Der Retter führt Samira zu einem **grossgewachsenen/groß gewachsenen** Mann. „Wie ist dein Name?", fragt er. „Ich heiße Samira", antwortet sie **leise/leiße**. „Samira, mein Name ist Doktor Munir. Ich muss dir zuerst einmal eine **Spritze/Sprize** geben, damit du dich nicht mit dem Virus **anstecken/anstekken** kannst."
„Was ist denn überhaupt **paßiert/passiert**?", fragt sie ängstlich. „Wir waren einfach zu **maslos/maßlos**. Wir haben es übertrieben. Es ist logisch, **das/dass** es passiert", murmelt der Doktor vor sich hin, während er die Kanüle mit einer grünlichen **Flüssigkeit/Flüsssigkeit** aufzieht. Samira streift ihren **rechten/reschten** Ärmel nach oben. „Ich verstehe kein Wort."
Sie ist **völlig/völlik** verwirrt. Der Arzt setzt die **Sprize/Spritze** an ihrem Arm an. Es schmerzt **kurts/kurz**. Dann drückt er den Kolben nach unten. „Du wirst relativ schnell einschla …"
Mehr hört Samira nicht mehr. Einige Stunden **später/speter** erwacht sie in einem Krankenhausbett. Sie **blinselt/blinzelt**. Die **weißen/weisen** Laken und das helle **Bettuch/Betttuch** schmerzen in den Augen. „Hallo?", fragt sie. Ihr **Mund/Munt** ist völlig ausgetrocknet. „Ich habe solchen Durst", **seufzt/seuftzt** sie. Dann taucht der Kopf einer Person in ihrem Sichtfeld auf.
Sie braucht einen Moment, bis sie **entlich/endlich** erkennt, wer dort steht. „Mama?"

DREISSIG SEKUNDEN

„Ihr müsst mir helfen!" Atemlos stand der kleine Junge vor Elod und Leo. „Schnell, kommt mit!" Die beiden schauten sich kurz an, während der Junge bereits losrannte. Ohne ein Wort zu verlieren, hefteten sie sich an seine Fersen. Der Junge rannte, als sei der Teufel hinter ihm her. Er legte an Geschwindigkeit zu, während Elod und Leo Mühe hatten, ihn nicht aus den Augen zu verlieren.

5 An einer Weggabelung am Waldrand war es dann geschehen: Von dem Jungen fehlte jede Spur.

„Was machen wir jetzt?", fragte Elod die Hände auf die Knie gestützt und schwer atmend. „Ich habe keine Ahnung, aber ich denke, wir müssen uns aufteilen."

„Was ist, wenn der Junge uns einfach einen Streich spielen wollte?"

„Und was, wenn wirklich etwas passiert ist?"

10 „Ok, du links und ich rechts", bot Elod an. Leo willigte ein und sie rannten los.

Elod lief den kurvigen Berg hinauf. Am Ende stand eine rote Parkbank. Er setzte sich kurz. Der Junge war nicht zu sehen und er brauchte wirklich eine Pause. Gerade als er Platz genommen hatte, hörte er hinter sich ein Rascheln. Elod wirbelte herum und sprang mit einem Satz von der Bank auf.

Leo stieß auf eine weitere Weggabelung. Sollte der Junge wirklich ihn und Elod um Hilfe beten wollen, hätte

15 er sicher aufgepasst, dass sie ihm folgen könnten. „So ein Mist!", murmelte er vor sich hin. Gerade als er den Rückweg antreten wollte, hörte er einen fürchterlichen Schrei. Elod!

Wie der Blitz rannte er zurück. An der Gabelung nahm er Elods Weg und den kleinen kurvigen Hügel. Nach wenigen Schritten erreichte er eine rote Parkbank, auf der Elods Handy lag. Stirnrunzelnd nahm er es auf und zuckte zusammen, als es plötzlich klingelte. Ein unbekannter Anrufer.

20 „Was hast du mit Elod gemacht?", fragte er ohne Umschweife.

„Wir haben deinen Freund. Nur wenn du das Rätsel lösen kannst, lassen wir ihn frei."

„Wer seid ihr? Was haben wir euch getan?" Ratlos stand Leo vor der Parkbank und schaute sich um.

„Du hast nur eine Chance. Wir wiederholen kein Wort. Nur wenn du die richtige Lösung kennst, passiert Elod nichts."

25 Die Stimme klang verfremdet, wie die eines Computers.

„Ok, dann leg los!" Leo schluckte. Er musste sich setzen.

„Was ist größer als Gott? Was ist bösartiger als der Teufel? Was können sich reiche Leute nicht leisten? Was haben die armen Leute? Woran stirbt man, wenn man es andauernd isst?"

Leos Hirn ratterte.

30 „Die Zeit läuft, Leo. Du hast nur eine Chance, sonst siehst du Elod nie wieder. Du hast dreißig Sekunden …" Panisch strich Leo sich durch die Haare. Er hatte keine Ahnung, wie er auf die Antwort kommen sollte. Einfach nichts fiel ihm ein. Genau in diesem Moment, als ihm die Stimme mitteilt, er habe noch fünf Sekunden, durchzuckte ihn die Erkenntnis. Warum war er nicht früher darauf gekommen? Völlig verzweifelt schrie er das Lösungswort in das Telefon. Die Verbindung brach ab. War es doch falsch gewesen? Plötzlich

35 raschelte es zwischen den Zweigen und eine Person kam auf Leo zu. Elod!

KV 2

DREIßIG SEKUNDEN –
DEM RÄTSEL AUF DER SPUR

1 Leo rettet Elod

Hättest auch du Elod retten können? Wenn ja, dann schreibe das Lösungswort hier auf.

_____

2 Leo kennt die Antwort

Um auf die richtige Antwort zu kommen, muss Leo das Rätsel in seine einzelnen Bestandteile zerlegen. Hilf ihm und markiere jede einzelne Silbe mit einem Trennstrich.

a. Was könnte größer sein als Gott?

b. Gibt es etwas, das bösartiger sein könnte, als der Teufel?

c. Reiche Menschen können sich doch alles leisten, also was bleibt dann noch übrig?

d. Arme Leute besitzen wirklich nicht gerade viel. Was aber haben denn alle?

e. Kann man irgendetwas lange essen, ohne direkt daran zu sterben?

3 Elod kann sich an nichts erinnern

Als die beiden Freunde wiedervereint sind, kann sich Elod nicht daran erinnern, was an der roten Bank geschehen ist. Es scheint, als habe er alles vergessen. Im folgenden Text sind einige Buchstaben vergessen worden. Fülle die Lücken.

Leo l⬤gte seinen Arm um Elods Schul⬤er. „Ist auch e⬤al, Elod. Was auch immer die von uns wo⬤lten, es ist ⬤orbei und du bist gere⬤tet." Elod nickte zustim⬤end. Auf dem Rü⬤kweg trafen sie erneu⬤ auf den kleinen Jungen, der sie am ⬤nfang um ihre Hil⬤e ge⬤eten hatte.

„Hau a⬤! Du hast uns in eine Falle gelo⬤kt!", schrie Leo ihn an. „Es t⬤t mir leid, wir⬤lich!", antwortete der Junge. „Ich hatte ⬤eine andere ⬤ahl, hätte ich das nicht getan, wäre Juana etwas pa⬤siert." Hinter dem Jungen ⬤rat ein ⬤leines M⬤dchen aus dem Gebü⬤ch heraus. „Ich mus⬤te es tun, ich wollte nur Juana ⬤etten."

„Was haben sie mit ⬤ir gemacht?", fragte Elod das Mäd⬤hen.

„Ich wei⬤ es nicht. Es ist gan⬤ komisch. Ich kann mich ein⬤ach an gar nichts erinnern."

„Wi⬤st ihr was?! Die ⬤ache stinkt bis zum Himmel. Lasst uns jet⬤t erst einmal von hier abhauen, bevor einer von denen noch einmal hier auf⬤aucht." Die anderen nick⬤en.

„Dann fol⬤t mir!"

KV

2

KLASSE 6 - LERNKRIMI 5 - AUFGABEN - KLASSE 6 - LERNKRIMI 5 - AUFGABEN - KLASSE 6 - LERNKRIMI 5 - AUFGABEN - KLASSE 6 - LERNKRIMI 5 - AUFGABEN

4 Leo und Elod warnen andere

Das Ereignis im Wald lässt die beiden Jungs nicht mehr los und sie wollen verhindern, dass
es noch mal passiert. Also setzen sie eine Warnung auf, die sie in allen sozialen Netzwerken
veröffentlichen. Um sie besonders zu betonen, schreiben sie alle Wörter groß. Ein Bekannter
weist sie darauf hin, dass im Internet Großschreibung aber bedeutet, dass man schreie.
Also überarbeiten sie ihren Text. Kannst du ihnen helfen? Schreibe den Text unter Berück-
sichtigung von Groß- und Kleinschreibung noch einmal ab und unterstreiche danach alle
Verben und Adjektive, die substantiviert wurden.

ACHTUNG! DIES IST EINE ERNSTE WARNUNG FÜR ALLE, DIE GERNE AM WALDRAND
IN DER NÄHE DES BACHES SPIELEN. ES IST BEREITS ZWEI MAL DAZU GEKOMMEN,
DASS BEIM SPIELEN JEMAND AUFGETAUCHT IST, DER ZWEI FREUNDE VONEINANDER
GETRENNT UND EINEN VON BEIDEN ENTFÜHRT HAT. DAS IST NICHT ZUM LACHEN,
SONDERN ERNST. SO ETWAS ERSCHÜTTERNDES HABEN WIR NOCH NIE ERLEBT. MAN
MUSS EIN SCHWIERIGES RÄTSEL LÖSEN, UM DEN ANDEREN ZU BEFREIEN. WER BEIM
LESEN DENKT, DASS DAS BLÖDSINN SEI, DEM SEI GESAGT: HÜTE DICH VOR DEM WALD!

_____

_____

_____

_____

_____

_____

_____

_____

_____

_____

_____

_____

_____

LASSE 6 – LERNKRIMI 5 – AUFGABEN – KLASSE 6 – LERNKRIMI 5 – AUFGABEN
LASSE 6 – LERNKRIM 5 – AUFGABEN – KLASSE 6 – LERNKRIMI 5 – AUFGABEN

KV 2

(5) Das darf nie wieder passieren

a. Elod und Leo sind sich einig. Wie sieht es mit dir aus? Wieder sollst du entscheiden. Die Begriffe in den Wortpaaren *seid/seit* und *wieder/wider* sind sich so ähnlich, aber doch so verschieden. Setze das richtige Wort ein.

_____ der kurzen Entführung plagen mich Albträume. Das nächste Mal werde ich

versuchen, mich deutlicher zu _____ setzen. Das darf nie _____

passieren. Ich habe mir immer _____ selbst Mut gemacht und gecacht:

„Ihr _____ so krank! Wie könnt ihr nur so etwas tun?" Ich würde gerne Juana

noch einmal _____ sehen, da ihr dasselbe passiert ist. Dann würde ich gerne

noch einmal auf meine _____sacher treffen und ihnen ordentlich die Meinung

sagen.

b. Kannst du sie unterscheiden? Erkläre nachfolgend die unterschiedlichen Bedeutungen der Begriffe *seid/seit* und *wieder/wider*.

_____

_____

_____

_____

(6) Stockholm-Syndrom

Unter diesem Begriff versteht man, dass sich Opfer, zum Beispiel einer Entführung, paradox verhalten. Es kann dazu kommen, dass sie sich mit dem Täter verbunden fühlen. Dieses Phänomen tauchte das erste Mal im Jahre 1973 auf: Bei einem Banküberfall in Schweden verhielten sich die Geiseln des Kidnappers eigenartig. Es entwickelte sich eine freundschaft-liche Beziehung untereinander und eine der Geiseln verliebte sich sogar in den Räuber. Psychologisch erklärt wird dies damit, dass sich das Opfer auf seine Urinstinkte besinnt und zu dem Täter eine Bindung wie zur eigenen Mutter aufbaut, um das eigene Überleben zu sichern. Man will dem Täter nicht egal sein, sondern wichtig für ihn werden. Der Grund dafür sei eine Überforderung der Opfer.

Leo ist erstaunt, als er über das Stockholm-Syndrom im Internet liest. Da er keinen Drucker hat und die Kamera seines Smartphones defekt ist, muss er ihn abschreiben. Schaue nicht jedes Wort einzeln nach, sondern versuche dir so viel zu merken, wie du kannst.

KV 2

KLASSE 6 – LERNKRIMI 5 – AUFGABEN – KLASSE 6 – LERNKRIMI 5 – AUFGABEN
KLASSE 6 – LERNKRIMI 5 – AUFGABEN – KLASSE 6 – LERNKRIMI 5 – AUFGABEN
LERNKRIMI 5 – AUFGABEN

Kohlhaas · Deutsch-Krimi 5/6 | 978-3-589-16518-6 | Illustration Lupe: shutterstock/Sonya illustration; Hintergrund: shutterstock/Tobias Steinert

Ermittler in einem Fall sind manchmal abhängig von sogenannten Informanten. Diese geben einen entscheidenden Tipp, damit die Ermittler in einem Fall weiterkommen. Solche Informanten gibt es auch hier. Sie geben dir Hinweise für die Lösung der Aufgaben.

 **Klasse 5 – Lernkrimi 1** Seite 6

Erste Informantenrunde zu „Urlaubsüberraschung"

① Kenan hält den Türknopf in der Hand, **s**ein gesamter Körper zittert.

② Sprich folgende Worte laut vor dich hin: *Nuss, Kuss, Fluss // Gruß, Soße, Schoß // Meise, leise, Schneise* – Vergleiche, wie sich die Laute anhören.

③ Kenan hat gesagt, **dass** er sich immer **das** Messer nehmen würde, das am größten ist.

 **Klasse 5 – Lernkrimi 1** Seite 6

Zweite Informantenrunde zu „Urlaubsüberraschung"

① Ein s wird immer dann verwendet, wenn es weich ausgesprochen wird (z. B. in „leise"). Ein ß folgt immer auf einen langgezogenen Vokal (z. B. in „Gruß") und ss immer auf einen kurzen Vokal (z. B. in „wissen").

② Ein s wird immer dann verwendet, wenn es weich ausgesprochen wird (z. B. in „leise"). Ein ß folgt immer auf einen langgezogenen Vokal (z. B. in „Gruß") und ss immer auf einen kurzen Vokal (z. B. in „wissen").

③ „Das" mit einem s wird immer verwendet, wenn es sich um einen Artikel handelt oder sich auf ein vorangegangenes Substantiv bezieht (z. B. **Das** Essen, **das** wir gestern gekocht hatten, …). „Dass" mit doppeltem s wird immer verwendet, wenn die erste Regel nicht zutrifft. Oft hilft auch: Wenn man *dieses* oder *welches* für „das" einsetzen kann, schreibt man es mit einfachem s.

 **Klasse 5 – Lernkrimi 1** Seite 6

Dritte Informantenrunde zu „Urlaubsüberraschung"

① **s**ein, Langsam, los, flüstert, verschließ, verschlossen, fast, ist, dass, leise, Haus, Angst, besser, draußen, Dass, äußerst, Messerblock, dass, Ängste, beiseite, Terrassentür, großen, Messer, dass, großen, Spaß, großen, erstes

② a. Ein s steht immer, wenn es sich um einen weichen s-Laut handelt.
b. Die Kombination ss steht immer, wenn der s-Laut scharf klingt und der Vokal davor kurz ausgesprochen wird.
c. Ein ß steht immer, wenn der s-Laut ebenfalls eher scharf klingt. Davor steht jedoch nahezu immer ein lang gesprochener Vokal.

③ a. dass b. dass c. das d. Das e. Das, das

KV 2 **Klasse 5 – Lernkrimi 2** Seite 8

Erste Informantenrunde zu „Der Einbruch"

① Hilfreich könnte es sein, sich das Bild anzuschauen. Zudem ließ den Kommissar das Wort „Scherbenhaufen" hellhörig werden.

② wOHnZimMer wird doch eigentlich „Wohnzimmer" geschrieben, oder nicht?

③ Zuerst erinnere ich mich an die **Tränen** von Frau Lohmann. Tränen passt doch, oder?

④ Frau Lohmann **schluchzte** wirklich laut. Schluchzte passt doch, oder?

⑤ Vergleiche die Wörter doch mal mit denen im Text. Vielleicht hilft das.

⑥ Vergleiche die Wörter doch mal mit denen im Text. Vielleicht hilft das.

KV 2 **Klasse 5 – Lernkrimi 2** Seite 8

Zweite Informantenrunde zu „Der Einbruch"

① Das Wohnzimmerfenster bzw. die Scherben der zerbrochenen Scheibe sind der entscheidende Hinweis.

② wOHnZimMer wird doch eigentlich „Wohnzimmer geschrieben", oder nicht? Ja, das stimmt. Das Wort „Wohnzimmer" ist ein Substantiv und Substantive werden groß geschrieben.

③ Hier werden Substantive im Text gesucht, da man diese großschreibt. Weitere großgeschriebene Wörter finden sich an Satzanfängen und bei Substantivierungen: z. B.: Wer lesen kann ist klar im Vorteil. Das Lesen gefährdet die eigene Dummheit.

④ Hier werden Adjektive, Verben und andere Wortarten außer Substantive gesucht. Zudem kommen keine Satzanfänge und Substantivierungen infrage.

⑤ Vergleiche die Wörter doch mal mit denen im Text. Vielleicht hilft das.

⑥ Vergleiche die Wörter doch mal mit denen im Text. Vielleicht hilft das.

44

Kohlhaas · Deutsch-Krimi 5/6 | 978-3-589-16518-6 | Illustration Fingerabdruck und Lupe: shutterstock/Sonya illustration; Hintergrund: shutterstock/Tobias Steinert

KV 2 **Klasse 5 – Lernkrimi 2** Seite 8

Dritte Informantenrunde zu „Der Einbruch"

① Es liegen keine Scherben auf dem Teppich vor dem Wohnzimmer. Das heißt, die Scheibe wurde nicht von außen eingeschlagen.

② a. Fenster, b. schluchzt, c. Tresor d. Scherbenhaufen e. festnehmen
f. Handschellen g. Dienstwagen

③ Hier sind individuelle Lösungen möglich, z. B.: Schulter, Kissen, Niemand, Unordnung, Sommer
Regeln: Generell werden Substantive großgeschrieben. Sonst nur substantivierte Adjektive oder Verben und Wörter an Satzanfängen.

④ Hier sind individuelle Lösungen möglich, z. B.: legte, verblüfft, heute, gewaltsam, morgens
Regeln: Generell werden alle Wortarten außer Substantiven kleingeschrieben. Vorsicht bei Satzanfängen, substantivierten Adjektiven oder Verben.

⑤ richtige Schreibweise: a. Wohnzimmer b. Tränen c. Fremder d. niemanden e. Festnahme

⑥ a. Es ist ein herrlicher Sommertag, an dem Frau Lohmann früh morgens einkauft.
b. Kommissar Hütter betritt das Wohnzimmer und untersucht es.
c. Der leere Tresor steht offen und Bilder liegen verstreut auf dem Boden.
d. Frau Lohmann versichert dem Kommissar, nichts angefasst zu haben.
e. Die ältere Dame tut dem schroffen Kommissar fast leid.

KV 2 **Klasse 5 – Lernkrimi 3** Seite 13

Erste Informantenrunde zu „Einziger Zeuge"

① Angefangen hat es doch mit diesem Geräusch. Jonas hörte das Splittern von Glas. Wie ging es dann weiter?

② a. Ich kenne ganz sicher ein Substantiv aus der Liste: Hund. Das Wort „Hund" ist ganz sicher ein Substantiv.
b. Auch ein Verb kann ich ganz sicher benennen: verstecken. Das Wort „verstecken" ist ein Verb.

③ Jonas fühlt sich **bedroht**. Man könnte sagen, die Situation ist für ihn **bedrohlich**.

KV 2 **Klasse 5 – Lernkrimi 3** Seite 13

Zweite Informantenrunde zu „Einziger Zeuge"

① Die zentralen Beobachtungen sind:
1. Anzahl und Beschreibung der Täter, 2. Ort, Uhrzeit, 3. Fluchtweg, 4. Fotos

② a. Substantive werden immer großgeschrieben. Welche der Begriffe schreibt man demnach eigentlich groß?
b. Verben schreibt man klein, wenn sie nicht substantiviert wurden. Welche Begriffe sind demnach Verben?

③ Jonas fühlt sich **bedroht**. Man könnte sagen, die Situation ist für ihn **bedrohlich**.

KV **2** **Klasse 5 – Lernkrimi 3**   Seite 13

Dritte Informantenrunde zu „Einziger Zeuge"

1 **Der einzige Zeuge**
Die zentralen Beobachtungen sind:
- **Anzahl und Beschreibung der Täter**: drei Täter, einer in schwarz gekleidet, graue Schirmmütze, Sonnenbrille, Armbanduhr, sprechen deutsch
- **Ort, Uhrzeit**: Juweliergeschäft Stöcker, Mittwoch, vormittags
- **Fluchtweg**: kleiner Pfad, zwischen zwei Grundstücken
- **Fotos**: Einzelfoto und Gruppenfoto der Diebe

2 a. Substantive: Hund, Armbanduhr, Tafel, Zeuge, Leine, Kakao, Polizei, Aussage
b. Verben: verstecken, packen, aufklären, kommen, gehen, stürmen, freuen

3 ängstlich, glücklich, freundlich

KV **2** **Klasse 5 – Lernkrimi 4**   Seite 16

Erste Informantenrunde zu „Aberglaube"

1 Die Schranktür … öffnet sich. Ist es ein Geist? Ich glaube nicht, denn Geister gibt es nicht. In dem Haus wohnen doch nicht nur Menschen, oder?

2 Eine Wortschlange beißt zum Glück nicht. Aber direkt am Anfang erkennt man doch ein Wort. Das Gegenteil von Mädchen. Mädchen ist ein Substantiv. Also muss das Gegenteil doch auch ein Substantiv sein.

3 Im ersten Satz fehlt genau das Wort: Satz! Man schreibt es groß, also kann es nur ein Substantiv sein.

4 Diese Übung kann ich gut. Es gibt aber jemanden, der sie besser kann. Aber dann gibt es noch den einen, der sie am besten kann.

5 Wenn dir hier nichts einfällt, erfinde doch einfach eine Geschichte. Denke daran, dass sie rätselhaft sein soll.

KV **2** **Klasse 5 – Lernkrimi 4** Seite 16

Zweite Informantenrunde zu „Aberglaube"

① Wie heißt noch mal die Katze?

② Beispiele für die hier angegebenen Wortarten sind:
- Substantiv (Hauptwort, Namenwort): Wald, Baum, Tisch
- Verb (Tätigkeitswort): lernen, laufen, warten
- Adjektiv (Eigenschaftswort): bunt, schön, böse
- Artikel (Geschlechtswort): der, die, das
- Präposition (Verhältniswort): an, auf, bei
- Numerale (Zahlwort): drei, ein Drittel
- Adverb (Umstandswort, bez. auf Substantive, Adjektive oder auf ein anderes Adverb): abends, drüben, netterweise

③ Folgende Wortarten kommen in der Aufgabe vor (zufällige Reihenfolge): 1. Fragepronomen, 2. Substantiv, 3. Verb, 4. Adverb, 5. Possessivpronomen

④ Adjektive kann man steigern. Die Stufen heißen Positiv, Komparativ und Superlativ, z. B.: stark, stärker, am stärksten.

⑤ Erinnere dich an Ereignisse, die dir komisch vorkamen und dir vielleicht Angst gemacht haben. Vielleicht ist aber auch etwas in Erfüllung gegangen, das du dir gewünscht hast.

KV **2** **Klasse 5 – Lernkrimi 4** Seite 16

Dritte Informantenrunde zu „Aberglaube"

① Die Katze Leo hat sich im Schrank versteckt und springt raus.

② **Substantiv**: Junge, Schatten, Strähne, Bett; **Verb**: ziehen, warten, überlegen; **Adjektiv**: hektisch, dunkel; **Artikel**: das; **Präposition**: auf, aus; **Adverb**: heute; **Numerale**: dreizehn/drei, zehn

③ a. Satz ► Substantiv b. deinen ► (Possessiv-)Pronomen c. läuft ► Verb d. Was? ► (Frage-)Pronomen e. bereits ► Adverb

④ schwach, schwächer, am schwächsten; dunkel, dunkler, am dunkelsten; langsam, langsamer, am langsamsten; kalt, kälter, am kältesten; laut, lauter, am lautesten

⑤ Individuelle Lösung möglich. Tipp: Tausche deine Geschichte mit der deines Nachbarn aus und überprüft sie gegenseitig auf Rechtschreibung und Zeichensetzung.

KV 2 Klasse 5 – Lernkrimi 5 Seite 19

Erste Informantenrunde zu „König der Diebe"

① Seine Oma wartet ja auf ihn. Also kann sie es nicht sein. Aber wer wollte mit zu Oma?

② Geh mal die erste Buchstaben-Reihe von links nach rechts durch.

③ Subjekt? Da fragt man doch, wer oder was feiert heute ihren Geburtstag?

④ Wer stellt bei der Suche das Haus auf den Kopf? Jan.
Was tut er? Er stellt das Haus auf den Kopf.
Der Satz könnte auch lauten: Bei der Suche stellt Jan das Haus auf den Kopf.

⑤ Ich denke, die Tipps aus den vorherigen Aufgaben könnten dir eine Hilfe sein.

⑥ Auch hier sind die Tipps der vorherigen Aufgaben eventuell hilfreich.

KV 2 Klasse 5 – Lernkrimi 5 Seite 19

Zweite Informantenrunde zu „König der Diebe"

① In wessen Schlafzimmer befindet sich Jan?

② Folgende Wörter sind im Rätsel versteckt:
Treppe, Zimmer, stampfend, König, Apfel, Spiegel, Tür, Schlüssel, Teppich, Zauber-tafel

③ Das Subjekt (Satzgegenstand) ist ein Satzglied. Es bezeichnet z. B. eine Person, deren Tätigkeit dann mit dem Prädikat beschrieben wird.

④ Das Subjekt (Satzgegenstand) ist ein Satzglied. Es bezeichnet z. B. eine Person, deren Tätigkeit im Prädikat (Satzaussage) beschrieben wird.
Zwei Beispiele für den ersten Satz: Noch ist der Kaffee warm. Warm ist der Kaffee noch.

⑤ Das Subjekt (Satzgegenstand) ist ein Satzglied. Es bezeichnet z. B. eine Person, deren Tätigkeit im Satzglied Prädikat (Satzaussage) beschrieben wird. Ein Akkusa-tivobjekt ergänzt ein Verb und antwortet auf die Frage „Wen oder was?". Adverbiale Bestimmungen helfen, eine Handlung oder ein Geschehen genauer zu erklären (z. B. durch die Angabe von Ort, Zeit, Grund, Art und Weise). Achtung, verwechsle die adverbiale Bestimmung als Satzglied nicht mit der Wortart Adverb.

⑥ Folgende Satzglieder sind in der Aufgabe zu finden (stellenweise mehrmals, Reihenfolge zufällig):
- Prädikat (manchmal zweiteilig [Prädikatsklammer])
- Adverbiale Bestimmung des Ortes / der Zeit
- Subjekt
- Objekt (Akkusativ, Dativ)

Kohlhaas · Deutsch-Krimi 5/6 | 978-3-589-16518-6 | Illustration Lupe: shutterstock/Sonya illustration; Hintergrund: shutterstock/Tobias Steinert

LÖSUNGEN – KLASSE 5 – LÖSUNGEN – KLASSE 5 · LÖSUNGEN – KLASSE 5
LÖSUNGEN – KLASSE 5 – LÖSUNGEN – KLASSE 5 – LÖSUNGEN – KLASSE 5

L

KV 2 Klasse 5 – Lernkrimi 5 Seite 19

Dritte Informantenrunde zu „König der Diebe"

1. Jans Eltern erschrecken ihn.

2. horizontal: Treppe, stampfend, Schlüssel, Teppich, Zaubertafel, König;
   senkrecht: Zimmer, Spiegel, Tür

3. a. Oma b. sucht c. Papa, Mutter d. hat gelesen e. Schlüssel, liegt

4. a. Der Kaffee [Subjekt] ist [Prädikat] noch warm. Z. B.: Noch ist der Kaffee warm.
   b. Die Küchenschürze [Subjekt] hängt [Prädikat] über einem Stuhl. Z. B.: Über einem Stuhl hängt die Küchenschürze.
   c. Sein Herz [Subjekt] klopft [Prädikat] plötzlich sehr schnell. Z. B.: Plötzlich klopft sein Herz sehr schnell.
   d. Jan [Subjekt] steckt [Prädikat] den Schlüssel in das Schlüsselloch. Z. B.: In das Schlüsselloch steckt Jan den Schlüssel.
   e. Atemlos sitzt [Prädikat] Jan [Subjekt] auf dem Schlafzimmerteppich. Z. B. Jan sitzt atemlos auf dem Schlafzimmerteppich.

5. a. **Subjekt:** Jan ▸ **Wer/Was** tritt stampfend in das Treppenhaus?
   b. **Prädikat:** schleudert ▸ **Was tut** Jan mit seinen dreckigen Stiefeln?
   c. **Akkusativobjekt:** Zeitung. ▸ **Wen/Was** liest Jans Papa gerne?
   d. **Adverbiale Bestimmung des Ortes:** in seinem Zimmer. ▸ **Wo** sucht Jan seine Eltern?
   e. **Adverbiale Bestimmung des Grundes:** wegen ihres Geburtstages ▸ **Warum** muss Jan heute Nachmittag zu seiner Oma?

6. a. Jan Subjekt tritt Prädikat in das Treppenhaus. Adv. Best. d. Ortes
   b. Seine Eltern Subjekt sind nicht Prädikat zuhause. Adv. Best. d. Ortes
   c. Oma Subjekt hat Prädikat heute Adv. Best. d. Zeit Geburtstag. Akkusativobjekt
   d. Komm Prädikat nach der Schule Adv. Best. d. Zeit sofort Adv. Best. d. Zeit nach Hause! Adv. Best. d. Ortes
   e. Oma Dativobjekt haben Prädikat I wir Subjekt zu ihrem Geburtstag. Adv. Best. d. Zeit ein Smartphone Akkusativobjekt geschenkt Prädikat II.

KV 2 Klasse 6 – Lernkrimi 1   Seite 23

Erste Informantenrunde zu „In völliger Dunkelheit"

1 Stefans Masche ist es, immer alle Rollläden herunterzulassen. Möglicherweise hat jemand aber ganz bewusst einen Rollladen oben gelassen. Warum könnte der Besitzer des Hauses das gemacht haben?

2 Ein Beispiel ist das Wort „Schloss". Zum einen beschreibt der Begriff ein Gebäude, zum anderen kann er aber auch eine Türverriegelung bezeichnen.

3 Synonyme sind Wörter, die zwei oder mehrere Bedeutungen haben können. Stell dir mal vor, Ida und Stefan würden keine Häuser ausrauben, sondern eine Bank. Dann wüsstest du, was mit dem Wort „Bank" gemeint ist, oder? Aber was könnte es noch bedeuten?

4 Das ist einfach, oder?

5 Hier können dir die Tipps und die Lösungen der Aufgaben 3+4 helfen.

6 Das erste Wort der Überschrift ist ja schon ein Beispiel.

KV 2 Klasse 6 – Lernkrimi 1   Seite 23

Zweite Informantenrunde zu „In völliger Dunkelheit"

1 Der Nachbar hat die Polizei gerufen. Er schaut direkt auf das Wohnzimmerfenster – und zwar genau auf den Rollladen, den Stefan heruntergelassen hat. Was könnte ihm aufgefallen sein?

2 Ein Beispiel ist das Wort „Pflaster". Zum einen beschreibt es einen Gegenstand zur Wundversorgung, zum anderen aber auch Steine, die einen Weg bilden.

3 Ida und Stefan haben keine Chance **abzuhauen**, als die Polizei das Haus betritt. Sie können nicht **weglaufen**, nicht **wegrennen**, nicht **entkommen**. Irgendwie dasselbe, oder?

4 Das ist einfach, oder?

5 Sicher können dir die Tipps zu den vorhergehenden Aufgaben hier helfen.

6 Miau, macht die Katze und der Wecker klingelt: Drrrrrrring! Brauchst du wirklich noch mehr Hilfe?

 **Klasse 6 – Lernkrimi 1** Seite 23

Dritte Informantenrunde zu „In völliger Dunkelheit"

① Auf dem Rollladen könnte geschrieben stehen: „Wenn Sie das lesen können, rufen Sie sofort die Polizei!"

② z. B.: Eis, Fuge, Hahn, Kerze, Laster, Orange, Scheibe, Zelle, Wirtschaft

③ a. lachen – kichern, glucksen, geiern b. gehen – laufen, tapsen, stolzieren c. sehen – gucken, blicken, schauen d. dunkel – finster, düster, schwarz e. Bude – Haus, Kammer, Wohnhaus

④ dunkel – hell, dick – dünn, berühmt – unbekannt, klein – groß, schwach – stark, humorvoll – ernst, hässlich – hübsch, interessant – langweilig, böse – nett, fleißig – faul

⑤ schlief, aufweckte, lebt, gegangen, einzuschütten/einzuschenken, gesehen/ geschaut, schnell, angerufen

⑥ a. Kikeriki! b. Bumm! c. Klirr! d. Peng! e. Aua!

 **Klasse 6 – Lernkrimi 2** Seite 28

Erste Informantenrunde zu „Der fehlende Schlüssel"

① Lies dir in der Geschichte genau nach, wie der Raum beschrieben wird. Wo befindet sich was?

② Lies dir die Worte auf dem Aufkleber noch einmal genau durch. Wenn man davor steht, ist man darin, wenn darin ist, steht man davor. Auf welchen Gegenstand im Raum trifft das zu? Da ist der Schlüssel.

③ a. Ein Attribut des Mannes ist doch, dass er keinen Bart hat, oder? b. Welche Eigenschaften sind denn nicht genannt? Wie heißt der Mann überhaupt?

④ Attribute sind Beifügungen innerhalb eines Satzgliedes. Oft stehen sie links oder rechts neben einem Substantiv und beziehen sich darauf.

 **Klasse 6 – Lernkrimi 2** Seite 28

Zweite Informantenrunde zu „Der fehlende Schlüssel"

① Auf der Zeichnung enthalten sein sollten: Bilder, Spiegel, Tisch, Kerze, Tresor, Tür.

② Der Schlüssel befindet sich hinter dem gesuchten Gegenstand. Er ist an der Rückseite befestigt. Welcher Gegenstand lässt sich so untersuchen und passt zu den Worten auf dem Aufkleber?

③ a + b. Ein Attribut ist in der Grammatik eine Beifügung zu einem Substantiv, um dieses näher zu bestimmen. Das Substantiv wird also genauer beschrieben.

④ Attribute beziehen sich generell auf ein Substantiv im Satz und beschreiben es näher. Es gibt folgende Typen, die aus unterschiedlichen Wortarten bestehen: z. B.: Adjektivattribut ► Adjektiv, präpositionales Attribut ► Präposition + Substantiv, Genitivattribut ► Substantiv, Apposition ► substantivische Ergänzung, die in Kommas hinter ihrem Substantiv steht.

KV ② Klasse 6 – Lernkrimi 2 Seite 28

Dritte Informantenrunde zu „Der fehlende Schlüssel"

①

② An der Rückseite des Spiegels.

Wer ist der Mann?

③ a. z. B.: Der Mann ist blond und glattrasiert. Er trägt eine dunkle Jeans und einen roten Pullover. Zudem fehlen ihm Schuhe, da man seine weißen Tennissocken sieht. Er hat dichte Augenbrauen und wahrscheinlich eine Beule am Hinterkopf.
b. z. B. Wie lautet der Name des Mannes?, Wie ist der Mann gebaut?, Wie groß ist der Mann?, Wie alt ist der Mann?

④ Adjektivattribut: kalten, schwerer; präpositionales Attribut: mit einer Kerze, mit zwei Metallschildern; Genitivattribut: der Kerze; Apposition: ein Tresor

---

KV ② Klasse 6 – Lernkrimi 3 Seite 31

Erste Informantenrunde zu „Gift"

① Schau dir noch einmal genau an, was sich auf dem Tisch befindet.

② Im zweiten Satz stellt die Entführerin eine Frage. Was für ein Satzzeichen folgt auf eine Frage?

③ Dieser Satz ist richtig? Oder ist er falsch? Auf jeden Fall ist dieser Satz falsch oder doch richtig?

④ Kennst du die Regeln, wann man ein Komma setzen muss? Dann erkläre sie anhand der Beispiele aus der Aufgabe zuvor.

⑤ Dialoge bestehen aus wörtlicher Rede. Das heißt, du musst vor allem bei der Zeichensetzung der wörtlichen Rede aufpassen. Wichtig ist auch, dass du Bezug auf die Geschichte „Gift" nimmst.

 **KV ② Klasse 6 – Lernkrimi 3** Seite 31

Zweite Informantenrunde zu „Gift"

① Was braucht Teresa, um die Tablette schlucken zu können?

② Eingesetzt werden müssen (Reihenfolge zufällig): 2×?, 1×:, 5×. 1×" 1×! 1×,

③ Folgende Kommaregeln können hilfreich sein:
Das Komma steht
1. vor Subjunktionen (weil, als, da etc.)
2. vor einem erweiterten Infinitiv, wenn dieser mit „um", „ohne", „statt",
„anstatt", „als", „außer" eingeleitet wird.
3. vor einer indirekten Rede.
4. wenn nach wörtlichen Reden der Satz weitergeht.

④ Sieh dir den Tipp der vorangegangen Aufgabe an.

⑤ Dialoge bestehen aus wörtlicher Rede. Das heißt, du musst vor allem bei der Zeichensetzung der wörtlichen Rede aufpassen. Wichtig ist auch, dass du Bezug auf die Geschichte „Gift" nimmst.

 **KV ② Klasse 6 – Lernkrimi 3** Seite 31

Dritte Informantenrunde zu „Gift"

① Das Gift befindet sich nicht in der Tablette, sondern in Teresas Wasser.

② wissen**?**"/rief**:**/verraten**.**/schwieg**.**/oder doch?"/heran**.**/auf**.**/sehen**,**/los**!**/dich**?**/ab**.**

③ richtig sind:
a. Sie sagte, sie sei sich unsicher.
b. Morgen kann ich dir nicht helfen, da ich einen Termin habe.
c. Die Geschichte, die sie gerne erzählt, ist sehr traurig.
d. „Wie konntest du das wissen?", fragte sie.
e. Um zu überleben, musst du das Geheimnis kennen.
f. Bitte helfen Sie mir oder lassen Sie mich allein.
g. Sie rettete nicht nur sich, sondern auch andere.

④ Das Komma steht, wenn … a. eine indirekte Rede folgt. b. + g. wenn ein Nebensatz durch eine Subjunktion eingeleitet wird. c. ein Relativsatz eingeleitet und abgeschlossen wird. d. nach einer wörtlichen Rede der Satz weitergeht. e. ein erweiterter Infinitiv mit „um", „ohne", „statt", „anstatt", „als", „außer" angebunden ist. f. Vor „und" und „oder" steht kein Komma, wenn sie gleichwertige Satzteile verbinden.

⑤ Individuelle Lösung möglich. Tipp: Tausche deinen Dialog mit dem deines Nachbarn aus und prüft diese auf Rechtschreibung und Zeichensetzung.

Kohlhaas · Deutsch-Krimi 5/6 | 978-3-589-16518-6 | Illustration Lupe: shutterstock/Sonya illustration; Hintergrund: shutterstock/Tobias Steinert

KV 2 Klasse 6 – Lernkrimi 4 Seite 36

Erste Informantenrunde zu „Ilsebill"

① a + b. Vielleicht hilft dir der Titel der Geschichte. So heißt nämlich eine Person des gesuchten Märchens. Diese Frau möchte immer mehr und ist nie zufrieden.

② Hier muss man sich die Wortarten der Begriffe genau anschauen. Wenn man diese verbindet, werden manche getrennt und manche zusammengeschrieben. Dazu gibt es Regeln. Erinnerst du dich?

③ Ein „Bildkonto" gibt es nicht, oder? Mit welchem Begriff aus dem unteren Kasten kann „Bild" denn ein sinnvolles Wortpaar ergeben?

④ Es kann helfen, wenn du dich an viele der vorherigen Übungen erinnerst. Zum Beispiel an die zu den s-Lauten.

KV 2 Klasse 6 – Lernkrimi 4 Seite 36

Zweite Informantenrunde zu „Ilsebill"

① Die Emojis bedeuten: Angel = Etwas wurde geangelt. Fisch = Ein besonderer Fisch wurde geangelt. Frau = Der Angler erzählt seiner Frau von dem Fang. Haus = Die Frau wünscht sich eine Verbesserung ihrer Situation. Schloss = Sie will immer mehr und immer etwas Besseres haben. Bruchbude = Am Ende lebt sie aber in einem zerfallenen Haus.

② Folgende Regeln können dir helfen:
- Wortgruppen aus Substantiv und Verb schreibt man meistens getrennt.
- Wortgruppen aus Adjektiv und Verb schreibt man meistens zusammen, wenn eine neue Bedeutung entsteht.
- Wortgruppen aus Adjektiv und Adjektiv schreibt man meistens zusammen, wenn eine neue Bedeutung entsteht.

③ Der vorherige Tipp kann dir hier helfen.

④ Mehrere Tipps können dir hier helfen, z. B. der zweite Tipp aus „Urlaubsüberraschung", aber auch der zweite Tipp aus „Ilsebill". Zudem hilft es oft Wörter zu verlängern, um sicher zu gehen, welcher Buchstabe richtig ist. Auch Silbentrennung kann helfen.

KV 2 Klasse 6 – Lernkrimi 4 Seite 36

Dritte Informantenrunde zu „Ilsebill"

① „Vom Fischer und seiner Frau" lautet der Titel des Märchens. In diesem Märchen ist die Frau des Fischers (Ilsebill) maßlos und auch, nachdem ihr Mann ihr einen Wunsch erfüllt hat und einen Fisch nachhause gebracht hat, verlangt sie mehr. Das führt zu dem Ende in der schäbigen Fischerhütte.

② a. Zeitung lesen b. Aufsatz schreiben c. freikommen d. schwarzsehen e. hochwertig

③ Baumhaus, Zusammenstoß, Fensterrahmen, Geheimkonto, Rauswurf, Bildschirm, Strafstoß, Trinkbecher, Schwerkraft

④ schließt, Atemmaske, Sauerstoffflasche, gespenstisch, groß gewachsenen, leise, Spritze, anstecken, passiert, maßlos, dass, Flüssigkeit, rechten, völlig, Spritze, kurz, später, blinzelt, weißen, Betttuch, Mund, seufzt, endlich

KV 2 Klasse 6 – Lernkrimi 5 Seite 39

Erste Informantenrunde zu „Dreißig Sekunden"

1. Kurz zuvor fällt Leo nichts ein. Vielleicht hilft das ja schon …

2. Sil|ben sind manchlmal schwer zu tren|nen, a|ber oft ist es wirk|lich leicht.

3. Ich kaufe ein „e" für das erste Wort. Mehr Geld habe ich leider nicht.

4. Substantiviert bedeutet, dass man aus dem Adjektiv bzw. dem Verb ein Substantiv gemacht hat. Zum Beispiel: Das **Laufen** macht Leo großen Spaß.

5. Seid froh, dass ihr euch wiederseht. Seit der Entführung sind wir Teile des Widerstands.

6. Tatsächlich gilt es als schwierig, sich mehr als fünf Wörter zu merken.

KV 2 Klasse 6 – Lernkrimi 5 Seite 39

Zweite Informantenrunde zu „Dreißig Sekunden"

1. Kurz zuvor fällt Leo nichts ein. Vielleicht hilft das ja schon …

2. Silbentrennung funktioniert am besten, indem du mitklatschst, z. B. grö*ßer ► grö|ßer. Das kann zudem hilfreich sein, um Wörter richtig zu schreiben.

3. Viele Tipps aus anderen Geschichten können hier helfen, aber tatsächlich ist keine eindeutige Regel hilfreich, da die Buchstaben ganz willkürlich fehlen.

4. Substantiviert bedeutet, dass man aus dem Adjektiv bzw. dem Verb ein Substantiv macht. Z. B.: Das **Laufen** macht Leo großen Spaß. Dafür verändert man auch oft die Form von Adjektiv bzw. Verb, indem man verschiedene Endungen (z. B. -er, -ung, -erei) anhängt.

5. Erklärungen:
   - seid/seit: Die Form „seid" mit d am Ende verwendet man als Verb im Sinne von „ihr seid da", während „seit" mit t am Ende eine reine Zeitangabe ist.
   - wider/wieder: Das Wort „wider" ohne e ist eine Präposition und könnte durch „gegen" oder „kontra" ersetzt werden. Die Form „wieder" mit e ist ein Adverb und bedeutet so etwas wie „nochmals", „zurück" oder „erneut".

6. Ein hilfreiches Spiel, um die eigene Merkfähigkeit zu verbessern, ist „Ich packe meinen Koffer …". Kennst du es? Man kann es mit zwei oder mehreren Personen spielen und muss immer alle Begriffe in der richtigen Reihenfolge wiederholen, die genannt wurden. Ich fange an: „Ich packe meinen Koffer und nehme ein Handtuch mit."

L

KV **2** Klasse 6 – Lernkrimi 5   Seite 39

Dritte Informantenrunde zu „Dreißig Sekunden"

① Das Lösungswort lautet: NICHTS.

② a. Was könn|te grö|ßer sein als Gott?
   b. Gibt es et|was, das bös|art|i|ger sein könn|te, als der Teu|fel?
   c. Rei|che Men|schen könn|en sich doch al|les leis|ten, al|so was bleibt dann noch ü|brig?
   d. Ar|me Leu|te be|sit|zen wirk|lich nicht ge|ra|de viel, was a|ber ha|ben denn al|le?
   e. Kann man ir|gend|et|was lan|ge es|sen, oh|ne di|rekt da|ran zu ster|ben?

③ Leo legte seinen Arm um Elods Schulter. „Ist auch egal, Elod. Was auch immer die von uns wollten, es ist vorbei und du bist gerettet." Elod nickte zustimmend. Auf dem Rückweg trafen sie erneut auf den kleinen Jungen, der sie am Anfang um ihre Hilfe gebeten hatte.
„Hau ab! Du hast uns in eine Falle gelockt!", schrie Leo ihn an. „Es tut mir leid, wirklich", antwortete der Junge. „Ich hatte keine andere Wahl, hätte ich das nicht getan, wäre Juana etwas passiert." Hinter dem Jungen trat ein kleines Mädchen aus dem Gebüsch heraus. „Ich musste es tun, ich wollte nur Juana retten."
„Was haben sie mit dir gemacht?", fragte Elod das Mädchen.
„Ich weiß es nicht. Es ist ganz komisch. Ich kann mich einfach an gar nichts erinnern."
„Wisst ihr was?! Die Sache stinkt bis zum Himmel. Lasst uns jetzt erst einmal von hier abhauen, bevor einer von denen noch einmal hier auftaucht." Die anderen nickten.
„Dann folgt mir!"

④ Achtung! Dies ist eine ernste Warnung für alle, die gerne am Waldrand in der Nähe des Baches spielen. Es ist bereits zwei Mal dazu gekommen, dass beim Spielen jemand aufgetaucht ist, der zwei Freunde voneinander getrennt und einen von beiden entführt hat. Das ist nicht zum Lachen, sondern ernst. So etwas Erschütterndes haben wir noch nie erlebt. Man muss ein schwieriges Rätsel lösen, um den anderen zu befreien. Wer beim Lesen denkt, dass das Blödsinn sei, dem sei gesagt: Hüte dich vor dem Wald!

⑤ a. Seit, widersetzen, wieder, wieder, seid, wiedersehen, Widersacher
   b. Erklärungen:
- **seid/seit**: Die Form „seid" mit „d" am Ende verwendet man als Verb im Sinne von „ihr seid", während „seit" mit „t" am Ende eine reine Zeitangabe ist.
- **wider/wieder**: Die Form „wider" ohne „e" ist eine Präposition und könnte durch „gegen" oder „kontra" ersetzt werden. Das Wort „wieder" mit „e" ist ein Adverb und bedeutet so etwas wie „nochmals", „zurück" oder „erneut".

⑥ Tipp: Tauscht am Ende eure Diktate untereinander aus und prüft sie auf Rechtschreibung und Zeichensetzung.